UNIVERSALE
ECONOMICA
FELTRINELLI / SAGGI

BARBARA BERCKHAN

# Piccolo manuale per non farsi mettere i piedi in testa

Traduzione di Cristina Malimpensa

Titolo dell'opera originale
SANFTE SELBSTBEHAUPTUNG. DIE 5 BESTEN STRATEGIEN,
SICH SOUVERÄN DURCHZUSETZEN

www.koesel.de.

Traduzione dal tedesco di
CRISTINA MALIMPENSA


Prima edizione nell'"Universale Economica" – SAGGI
settembre 2014
Quarta edizione luglio 2016

Stampa Nuovo Istituto Italiano d'Arti Grafiche - BG

ISBN 978-88-07-88551-8

# Sommario

# Prefazione

Imparare a farsi valere in maniera educata e gentile significa mantenersi rilassati, apparire sicuri e fieri di sé ed esprimersi in maniera chiara senza risultare aggressivi nei confronti dell'altro. Significa comportarsi con garbo ed eleganza, anziché strepitare e dare spettacolo; significa comunicare in modo diretto e chiaro, anziché rimanere passivi e bloccati.

Il presente manuale vi mette a disposizione cinque delle migliori strategie per riuscire a fare tutto questo senza sforzo. Si tratta di tecniche semplici, ma non per questo meno efficaci, che rappresentano le regole d'oro dell'autoaffermazione. Tutte e cinque sono state elaborate traendo spunto dalla realtà quotidiana e rispecchiano i princìpi basilari cui si rifanno le persone sicure di sé quando devono farsi valere. Se anche voi potete vantare una buona sicurezza in voi stessi, forse senza saperlo ne utilizzate già almeno una.

Ho scoperto queste strategie di autoaffermazione, del tutto semplici e spontanee, nel corso degli ultimi dodici anni lavorando come trainer di comunicazione, e ho pensato di riassumerle facendone un programma di addestramento. Grazie al feedback dei partecipanti ai miei corsi le ho riadattate e perfezionate, affinché risultassero ancora più attuabili nella pratica di ogni giorno. Nelle pagine che seguono trovate il risultato di questa rielaborazione durata anni.

Quando tengo un seminario o scrivo un manuale amo essere estremamente pratica. Preferisco dare indicazioni concrete e spiegare in modo dettagliato l'argomento che affronto come se si trattasse di una ricetta di cucina, in modo da chiarire bene quali ingredienti servono e come bisogna procedere. In questo modo ho impostato la descrizione di ognuna delle cinque strategie di autoaffermazione di questo manuale, dove troverete anche suggerimenti per una comunicazione efficace e le formule più valide da utilizzare.

Dovete solo adattare tali strategie a voi e alla persona con la quale state parlando. Se, per esempio, siete tendenzialmente timidi e silenziosi, potreste optare per toni ancora più delicati di quelli da me proposti. Se invece propendete per una comunicazione più schietta, o avete spesso a che fare con persone un po' rozze, probabilmente adotterete toni più diretti dei miei. Non è un problema. Ogni capitolo vi presenterà una singola strategia e numerosi suggerimenti su come metterla in pratica. Si tratta di semplici spunti, non di regole. Lasciatevi ispirare dalle varie tecniche e riadattatele al vostro stile, in modo che il vostro procedere nel farvi valere non risulti artificiale o imposto, ma diventi parte della vostra personalità. In fondo, ciò che dovete imparare è riuscire ad affermarvi in modo del tutto naturale e pacato. Niente azioni drastiche o un modo di comunicare innaturale, quindi, ma una ferma sicurezza di sé, che vi farà apparire disinvolti e convincenti.

Durante la lettura vi renderete conto che le cinque strategie sono interconnesse. La prima riguarda il linguaggio del corpo e l'energia emanata da un individuo. Apparire sicuri di sé attraverso il linguaggio del corpo è la base per le strategie successive. La seconda tecnica insegna ad avanzare richieste in modo chiaro; vi insegna a dire: "Sì, è questo che voglio!". Poi arriva la terza, grazie alla quale imparerete invece a far capire all'altro: "No, questo non lo voglio!". È la tecnica che permette di porre un confine tra voi e il prossimo, in modo da evitare ingerenze e prevaricazioni. Se non riuscite a comunicare chiaramente le vostre richieste o il vostro "no" all'interlocutore, vi serve un'altra strategia che vi permetta di acquisire più fermezza: si tratta dell'"insistenza cortese". L'ultima, infine, è quella più importante: la salda fiducia in se stessi. Questa vi serve sempre, che dobbiate farvi valere, o meno.

Augurandovi una piacevole lettura, spero che questo libro vi infonda coraggio e vi invogli a imporvi un po' di più nelle varie situazioni di ogni giorno.

Capitolo 1

# La prima strategia di autoaffermazione: il contegno fiero e regale

Le persone intorno a voi vi passano continuamente allo scanner. Chiunque vi osservi, registra il linguaggio del vostro corpo e, così facendo, si fa un'impressione di voi. Ancora prima che apriate la bocca e diciate "salve", chi vi sta di fronte vi ha già giudicato. In genere questo avviene in maniera inconscia, automatica.

*Attraverso il linguaggio del corpo esprimete senza parole il vostro stato d'animo.*

Nel nostro cervello si è instaurato un automatismo primordiale, che ci porta immediatamente a controllare se la persona che abbiamo davanti è potenzialmente pericolosa o innocua. Ai primordi dell'umanità questa valutazione automatica era essenziale per distinguere all'istante amici e nemici, e il tutto funziona ancora oggi. Attraverso questo meccanismo, però, valutiamo nell'altro molto più dell'eventuale pericolosità. Ci rendiamo anche conto, per esempio, se è teso, nervoso o insicuro; se è interessato a noi, se è gentile o se semplicemente si atteggia a tale.

Questo processo si svolge senza che noi ce ne accorgiamo e spesso non ha particolari ripercussioni. Non è più di tanto importante che il tipo seduto di fronte in metropolitana ci appaia nervoso o indifferente nei nostri confronti: finché non si mette a ringhiarci contro digrignando i denti, il modo in cui appare non ci fa né caldo né freddo.

Diversa è la situazione se con l'altro siamo costretti a interagire maggiormente, per esempio in un colloquio di lavoro, o nel momento in cui chiediamo un favore a un collega. In questi casi il linguaggio del corpo gioca un ruolo importante.

## Quello che diciamo senza parole

*Nelle conversazioni importanti, prestate attenzione al linguaggio del vostro corpo!*

Immaginate la seguente situazione: state parlando con il vostro capo e cercate di convincerlo di essere la persona ideale per il nuovo posto di caporeparto. Lui, scettico, vi chiede se vi sentite anche all'altezza delle maggiori responsabilità che esso comporta, e voi gli rispondete con un "Ma certo!", per poi riferire le esperienze precedenti e le qualifiche ottenute. Purtroppo, però, non prestate attenzione al linguaggio del vostro corpo e non vi rendete conto che, parlando, vi siete ingobbiti un po', avete cominciato a girare nervosamente l'anello che portate al dito e avete rivolto quasi sempre lo sguardo per terra. Il vostro capo, invece, percepisce tutto questo. Sente le vostre parole e registra contemporaneamente i segnali trasmessi dal vostro corpo. Il tutto lo porta a farsi un'impressione di voi. E non ha importanza quanto convincenti siano i vostri discorsi: a lui siete apparso insicuro. Non è affatto convinto che siate la persona giusta per quella posizione e probabilmente vi dirà no.

*La mimica rivela costantemente l'insicurezza di una persona.*

Tutto questo può accadere non solo in un colloquio di lavoro, ma ogni volta in cui cercate di farvi valere. È proprio quando siamo un po' agitati che gesti e atteggiamento generale lasciano trapelare qualche segnale di insicurezza. E poiché in genere non vi prestiamo attenzione, di tali segnali non ci accorgiamo neppure. Il nostro interlocutore, però, li nota e reagisce di conseguenza.

Quando si tratta di imporsi e farsi valere, il linguaggio del corpo è molto più di un optional. Persino perdere il filo mentre si parla o non riuscire a trovare la parola giusta non è così grave, se si riesce comunque ad apparire sicuri di sé e con la situazione sotto controllo. La sicurezza che emanate farà in modo che l'interlocutore non presti nemmeno attenzione a queste piccole mancanze. Se invece ve ne restate lì seduti impacciati, continuando a giocherellare con il lembo della giacca, anche un discorso ineccepibile non produrrà un grande effetto. Istintivamente prestiamo più fiducia al linguaggio del corpo che a quanto ci giunge all'orecchio.

*Apparire credibili e convincenti dipende principalmente dal linguaggio del corpo.*

Ho elaborato una strategia di autoaffermazione che vi può aiutare a impostare consapevolmente mimica e gestualità: è il "contegno fiero e regale".

Con la tecnica del contegno fiero e regale potete:

- modificare l'impressione che date di voi a tal punto da apparire sicuri anche quando dentro vi sentite ansiosi;
- fare in modo di essere presi in considerazione e ascoltati;
- aumentare la vostra autorità e credibilità;
- parlare con gli altri in modo più tranquillo e convincente;
- rafforzare la fiducia in voi stessi e allo stesso tempo sentirvi meno nervosi;
- riflettere meglio durante la conversazione e rispondere in modo più mirato.

Il contegno fiero e regale è una strategia di autoaffermazione doppiamente utile, in quanto produce effetti in due direzioni. Da una parte fa in modo che trasmettiate al prossimo un'impressione di superiorità e sicurezza, dall'altra agisce anche dentro voi stessi, facendovi sentire più fiduciosi e tranquilli.

*Il contegno fiero e regale vi rende più sicuri anche interiormente.*

Il linguaggio del corpo, infatti, produce sempre anche un effetto su di voi. Il giocherellare nervoso con gli indumenti vi agita ulteriormente e se vi afflosciate sulla sedia dopo un po' vi sentite sempre più piccoli e abbattuti. Al contrario, una postura dignitosa trasmette sicurezza interiore e, a lungo andare, maggiore consapevolezza di sé.

## E come apparite quando siete insicuri?

Prima di spiegarvi come assumere il contegno fiero e regale, vi faccio presente il linguaggio del corpo che siete soliti adottare ogni giorno.

Cosa fa normalmente il vostro corpo quando vi sentite inibiti, intimiditi o nervosi? Da dove traspaiono la tensione e magari anche la paura?

Nella lista che segue trovate elencati i segnali di insicurezza più frequenti. Forse alcuni di questi punti rispecchiano la vostra situazione.

### La mimica che rivela insicurezza e nervosismo

- La postura non è del tutto eretta. La schiena è piegata e il busto rimane spesso un po' curvo e rientrato. Sia in piedi che sedute, alcune persone appaiono più piccole di quanto siano in realtà.
- Il contatto di sguardi con la persona di fronte non avviene affatto, o troppo di rado.
- Spesso si tengono anche un po' sollevate le spalle.
- La testa viene mossa poco, lo sguardo è quasi sempre fisso in una direzione. La mimica facciale rivela a volte un sorriso forzato e propiziante, o un morsicarsi nervosamente le labbra.
- In posizione eretta, il peso del corpo tende a essere portato su una gamba sola, mentre l'altra viene incrociata dietro o davanti a quella portante.

- Le spalle si chiudono un po' in avanti, come se la persona volesse chiudersi a riccio. Questo ostacola la respirazione e fa risultare la voce più debole e costretta.
- A tutto questo si aggiungono diversi possibili gesti di nervosismo, come:
  - giocherellare con i gioielli;
  - passare continuamente la mano sui vestiti come per stirarli;
  - dondolare i piedi;
  - spostarsi avanti e indietro sulla sedia;
  - attorcigliarsi i capelli;
  - premere continuamente il pulsante della biro.

Leggendo questa lista di segnali legati all'insicurezza forse vi sarete accorti di lasciarvene scappare anche voi qualcuno, di tanto in tanto. Se è così, ricordate che l'insicurezza non è un difetto, ma semplicemente una sensazione passeggera che prima o poi colpisce tutti. Non giudicatevi male, quindi, se ogni tanto anche voi vi sentite insicuri e nervosi: non avete niente che non va.

Forse vi sarete addirittura resi conto di mandare alcuni dei segnali elencati anche quando non siete insicuri. Il linguaggio del corpo, effettivamente, in parte è pura abitudine. Vi sarà sicuramente capitato di arricciare una ciocca di capelli, giocherellare con gli orecchini e incurvare un po' la schiena mentre siete seduti, e da allora lo fate in modo automatico – ma ovviamente potete decidere di interrompere questa abitudine.

*All'inizio di una conversazione, accertatevi di non agitarvi troppo per il nervosismo.*

Niente paura, non avete bisogno di tenervi continuamente sotto osservazione. Spesso è sufficiente, all'inizio di una conversazione, non agitarsi o innescare automatismi ormai acquisiti. Già questo vi aiuterà ad apparire sicuri e a vostro agio. Per evitare davvero ogni rischio, però, approfittate del contegno fiero e regale: questa tecnica vi farà davvero avvertire sicurezza in tutta la vostra persona.

## Stare seduti, in piedi e muoversi pienamente sicuri di sé

Vi vorrei presentare due possibilità per adottare il contegno fiero e regale. La prima descrive passo dopo passo il modo per impostare da capo una nuova postura; la seconda è una rapida sequenza che permette di entrare nel giro di pochi secondi nel giusto atteggiamento. Vi consiglio di seguire e mettere in pratica entrambi i suggerimenti, uno dopo l'altro. Leggete dapprima punto per punto l'indicazione dettagliata, dopo di che la sequenza rapida vi permetterà di provare nella pratica ad adottare l'atteggiamento suggerito.

STRATEGIA DI AUTOAFFERMAZIONE:
IL CONTEGNO FIERO E REGALE

1. **Assicuratevi di avere tutto lo spazio che ritenete necessario**
   Non rendetevi più piccoli e minuti di quanto siete in realtà. Permettete alla schiena di estendersi bene in lunghezza. Per trasmettere sicurezza attraverso il linguaggio del corpo è importante mostrarsi in tutta la propria grandezza. Quando siete seduti su una sedia o una poltrona, occupate appieno la superficie di cui avete bisogno. Evitate di stare in bilico sul bordo della sedia o di rifugiarvi nell'angolino della poltrona. La parola d'ordine è: *troneggiare*. Sedete rilassati, immaginandovi su un trono.
2. **Mantenetevi diritti e ben centrati**
   Stress e nervosismo portano a tendere un po' le spalle verso l'alto, quasi a volersi proteggere da colpi alla nuca. A lungo andare tale postura genera dolori cervicali e mal di testa. Lasciate quindi cadere un po' più giù le spalle e apritele anche leggermente. Così facendo, vi presentate in tutto il vostro valore e dignità. Quando si è un po' preoccupati si tende a guardare solo in una direzione, un po' come un ro-

ditore che fissa paralizzato il serpente che sta per divorarlo. Per evitarlo, ricordate di mantenere la testa ben diritta e mobile. Guardatevi intorno girandola da una parte all'altra. Abbandonate braccia e gambe in una posizione comoda e centrata: non troppo distese, ma nemmeno incrociate o pressate ai lati del corpo. Ricordate di mantenere sempre i piedi a contatto con il suolo, mentre siete seduti.

3. **Evitate gesti di nervosismo**
Prima di iniziare un colloquio assicuratevi di non lasciarvi scappare qualche tipico gesto di nervosismo. Se, per esempio, tendete a dondolare un piede, evitate di accavallare le gambe. Se avete l'abitudine di giocherellare con l'orologio da polso o arricciarvi i capelli, tenete entrambe le mani occupate con una cartellina o un blocco (l'ideale è una solida cartella in plastica, poiché quelle di cartone si piegano facilmente). Meglio tenere in mano un pennarello che la classica penna con pulsante a scatto, che potreste essere tentati di premere in continuazione. Indossate abiti che vi cadano bene, senza bisogno di risistemarli di continuo. In generale è importante che l'abbigliamento scelto vi faccia sentire a vostro agio e non vi crei fastidi.

4. **Mantenete il contatto di sguardi e state rilassati**
Guardate la persona che avete di fronte negli occhi, pur distogliendo talora lo sguardo, poiché anche fissare ininterrottamente l'altro è segnale di insicurezza. In effetti, questa è una tendenza tipica delle persone che si sono sentite dire: "Devi guardare l'interlocutore *sempre* negli occhi". In realtà la giusta soluzione è una saggia via di mezzo: guardate l'altro direttamente mentre dite qualcosa di importante e convincente. Di tanto in tanto, però, rivolgete pure lo sguardo altrove, per esempio mentre riflettete un attimo su una risposta lunga e dettagliata da parte sua. Accertatevi di non esservi irrigiditi, nel frattempo, o di non tendere i muscoli inutilmente. Il contegno fiero e regale non prevede affatto sforzo o controllo eccessivo. Si tratta, piuttosto, di una postura dignitosa e rilassata, che richiede un impegno muscolare minimo. Mantenetevi dunque ben eretti, ma rilasciate le tensioni inutili del corpo. Inspirate ed espirate più volte a fondo.

Ora passiamo alla sequenza rapida per adottare il contegno fiero e regale mentre si sta seduti, in piedi o ci si muove. Perché risulti in voi del tutto naturale, è importante che proviate le indicazioni che seguono più volte e con la "rete di sicurezza", vale a dire da soli in casa, quando salite su un autobus o andate a fare la spesa – insomma, in situazioni innocue. Se vi accorgete di riuscirci senza problemi, adottate questo atteggiamento anche nei colloqui e negli incontri importanti.

STRATEGIA DI AUTOAFFERMAZIONE: SEQUENZA RAPIDA PER IL CONTEGNO FIERO E REGALE

**Da seduti**

- Stando seduti su una sedia o una poltrona, occupate bene tutto lo spazio necessario e non limitatevi al bordo o a un angolino.
- Sedetevi in modo da poter stendere la schiena in tutta la sua lunghezza. Se volete, sfruttate il poggiaschiena per un migliore sostegno.
- Non accavallate le gambe. Poggiate a terra entrambi i piedi senza nasconderli sotto la sedia.
- Non tenete le braccia conserte, ma rilassatele appoggiandole ai braccioli, oppure adagiando le mani sulle cosce. Se preferite, potete tenere in mano una cartellina.
- Evitate gesti di nervosismo e di giocherellare con quello che vi capita sottomano.
- Mantenete il contatto di sguardi con l'interlocutore, evitando però di fissarlo senza tregua.
- Respirate in modo rilassato e lasciate trasparire una naturale dignità.

**In piedi**

- Mantenete la schiena diritta in tutta la sua lunghezza.
- Aprite bene le spalle e lasciatele cadere leggermente verso il basso.
- Tenete la testa alta, libera di muoversi.

- Sentitevi comodi e ben sorretti dalle gambe.
- Lasciate le braccia abbandonate lungo il corpo. Se preferite, potete tenere in mano una cartellina.
- Evitate gesti di nervosismo e di giocherellare con quello che vi capita sottomano.
- Mantenete il contatto di sguardi con l'interlocutore, evitando però di fissarlo senza tregua.
- Respirate in modo rilassato e lasciate trasparire una naturale dignità.

**Camminando**
- Non correte e non guizzate via in tutta fretta, ma procedete in modo regale.
- Muovetevi con calma e pacatezza.
- Mantenete la testa alta.
- Rilassate il viso.
- Accertatevi di avere le spalle ben aperte e rilassate.
- Lasciate le braccia libere di seguire l'andatura.

## Mostrate la vostra naturale dignità

Se provate questa strategia di autoaffermazione vi renderete subito conto di quanto sia chiara e di semplice applicazione. Effettivamente consiste per lo più nel "lasciar andare". Lasciate andare tutto ciò che vi opprime, vi limita, vi schiaccia, vi sottomette o vi fa apparire agitati. Così facendo, ritroverete ciò che è già presente in voi: un atteggiamento naturale e che rivela sicurezza. Non vi atteggerete a sembrare più grandi di quanto siate, ma nemmeno più piccoli. Troverete il vostro centro ed emanerete tutta la vostra naturale dignità.

Il contegno fiero e regale non è niente di artefatto o esagerato. È semplicemente l'atteggiamento che adottate nel momento in cui siete pienamente consapevoli di voi stessi.

All'inizio state attenti a non sforzarvi troppo nel cercare di mantenere il corretto atteggiamento. A volte i principianti tendono a eccedere con l'impegno, con la frequente conseguenza di risultare un po' rigidi. Alcuni finiscono per sembrare dei soldatini di piombo in fila sull'attenti che trattengono il fiato. Mantenersi centrati su di sé e autoconsapevoli, invece, non costa alcuno sforzo. Basta che stiate ben diritti e presenti a voi stessi. Rilassatevi, dunque, mentre state seduti, in piedi o camminate con atteggiamento di naturale superiorità.

*Il contegno fiero e regale consiste in una postura eretta, rilassata e dignitosa al contempo.*

Avendo studiato da pedagogista, mi ha sempre interessato insegnare alle persone, e agli adulti in particolare, ad apprendere più facilmente qualcosa di nuovo. Mi sono resa conto che il nome di ogni strategia di autoaffermazione è molto importante per il suo apprendimento. Un nome azzeccato permette di fissare meglio nella mente la tecnica abbinata.

A suggerirmi il nome per questa prima strategia di autoaffermazione fu la partecipante a uno dei miei corsi. All'epoca chiamavo il tutto semplicemente "la postura di chi è sicuro di sé". Al termine di ogni seminario sull'autoaffermazione chiedevo ai partecipanti quale tecnica fosse piaciuta loro maggiormente e una volta una signora mi rispose: "Per me la migliore è stata quella del linguaggio del corpo, che insegna a sedersi con sicurezza. Questo contegno fiero e regale mi ha davvero divertita". E da qui ho battezzato tale tecnica. La parola "fiero" mi è piaciuta subito molto, perché il concetto di fierezza rimanda anche al coraggio di raccogliere le forze per affrontare una situazione, nell'intento di crescere oltre i nostri limiti e fare qualcosa che fino a quel momento non si è osato fare.

*Il contegno fiero e regale vi infonde calma, determinazione e la capacità di crescere come persona.*

L'aggettivo "regale" è stato aggiunto solo molto tempo dopo. Quando nel corso dei seminari spiegavo in cosa consistesse il contegno fiero e regale, ripetevo ogni volta cosa si deve fare con la schiena, le spalle, le braccia e le gambe, finché a un certo punto mi sono resa conto che il termine “regale” riassumeva perfettamente il concetto. In effetti, basta immaginare di stare seduti o in piedi in modo *regale* che già schiena, spalle e gambe assumono la corretta posizione. Quello che è ancora più importante, però, è che si comincia anche a emanare una placida dignità.

Provate semplicemente a immaginarvi di sedere su un trono come un re o una regina e vedrete che immediatamente assumerete il contegno sopra descritto. La prossima volta in cui dovrete attraversare un lungo corridoio, pensate alla parola “regale” e comincerete ad avanzare con eleganza e dignità, anziché guizzare via rapidi. E anziché abbozzare un timido sorrisino, omaggerete la vostra corte di un caloroso sorriso indulgente.

*Sedendo in modo “regale”, assumete automaticamente una postura dignitosa e apparite rispettabili.*

## Basta con il lasciarsi intimidire!

Capita anche a voi di tanto in tanto di sentirvi a disagio entrando in un negozio esclusivo, un hotel a cinque stelle o un ristorante dei più ricercati? Personalmente, in posti del genere mi sento spesso fuori luogo. Automaticamente mi lancio un’occhiata da capo a piedi e mi rendo conto di non essere elegante quanto l’ambiente che mi circonda. Per dirla brevemente: mi sento un po’ insicura. Se anche a voi succede lo stesso, potete rallegrarvi della bella notizia, visto che d’ora innanzi questi luoghi rappresenteranno la vostra nuova palestra! I negozi extra raffinati che incontrate qua e là sono tutti luoghi perfetti per esercitare il contegno fiero e regale. A tale proposito, qui di seguito vi aggiungo ancora qualche suggerimento che può tornare utile allo scopo.

*Adottate il contegno fiero e regale ogni qualvolta la situazione vi fa sentire intimiditi e a disagio.*

ESERCIZI QUOTIDIANI PER IL CONTEGNO FIERO E REGALE

- Prima di entrare in un luogo di lavoro, un negozio o un ristorante, adottate il contegno fiero e regale. Passatevi velocemente in rassegna da capo a piedi e permettete a ogni parte del vostro corpo di emanare maestosa dignità.
- Prima di cominciare, respirate profondamente una o due volte: la voce suonerà più rilassata e al cervello arriverà più ossigeno.
- Assicuratevi di non irrigidire inutilmente i muscoli. Non siete un soldato sul campo di battaglia, bensì un re o una regina a un ricevimento informale, quindi mantenetevi rilassati.
- Non preoccupatevi eccessivamente di riuscire a trovare le giuste parole. Il contegno fiero e regale agirà automaticamente anche su di voi e vi permetterà di esprimervi al meglio senza alcuno sforzo. Lasciatevi semplicemente ispirare dalla dignità che emana dalla vostra persona.

## La trasformazione di un pulcino

Nadine aveva ventisei anni quando la conobbi in uno dei miei corsi sull'autoaffermazione. Era una di quelle persone che all'interno di un gruppo non colpiscono. Quando le chiesi di raccontarmi qualcosa di lei, mi accorsi subito che le riusciva difficile guardare in faccia le persone. Sedeva un po' ingobbita e, parlando, si spostava un po' da una parte e dall'altra, come se volesse tirarsi fuori dall'impaccio.

*Le persone con una mimica che denota insicurezza e imbarazzo spesso non vengono prese sul serio.*

Dal corso Nadine sperava di imparare soprattutto una cosa: farsi prendere sul serio dal prossimo. Sul lavoro, essendo la dipendente più giovane in assoluto, era chiamata da tutti "pulcino". Per i colleghi era sempre la mascotte, quella che non aveva granché da dire, ma in compenso era tanto carina. Nadine non vedeva l'ora di sbarazzarsi di quell'immagine.

Era il primo giorno di corso e cominciammo con l'imparare ad assumere un linguaggio del corpo tipico di chi è sicuro di sé. La tecnica del contegno fiero e regale piacque a Nadine fin dal primo istante: si raddrizzò subito sulla sedia e per la prima volta guardò gli altri partecipanti negli occhi. Attraversò la sala del seminario con un'andatura fiera, divertendosi palesemente nel farlo. Trovò ben presto il suo stile personale. La differenza tra Nadine con e senza contegno fiero e regale era enorme. Nell'atteggiamento fiero appariva talmente sicura di sé da sembrare una presidentessa o la dirigente di una grande azienda. Nel corso di una sola mattinata si trasformò in una regina.

*Ognuno ha il suo stile personale nell'adottare il contegno fiero e regale.*

Ma il piccolo miracolo avvenne in pausa pranzo. Al ristorante era stata riservata una tavolata per tutto il gruppo. Ci avrebbero servito un menù a quattro portate. Nadine aveva deciso di mantenere il contegno fiero e regale anche durante la pausa e fu così, quindi, che entrò con noi nel locale. All'ingresso ci ricevette un signore in divisa scura, che si rivelò poi il direttore del ristorante. Si diresse subito verso Nadine, la salutò con un leggero inchino e chiese se fossimo noi i partecipanti del seminario. Lei annuì, fece un sorrisetto e rispose, sempre con grande fierezza: "Sì siamo il gruppo del seminario, e abbiamo fame".

Il direttore le chiese: "Posso accompagnarla al tavolo? Abbiamo apparecchiato appositamente per voi accanto alla finestra".

"Sì, grazie," rispose lei.

Lui la precedette e Nadine lo seguì impettita. Arrivati a una bella tavola apparecchiata, le spostò la sedia perché si accomodasse. Lei si sedette tranquilla e gli chiese la carta delle bevande. Mentre lui gliela porgeva, anche noi prendemmo posto. Il direttore aspettò l'ordinazione e poi si allontanò in fretta. Nel frattempo altri due camerieri si occuparono delle bevande per il resto del gruppo.

*L'aura dignitosa che emanate spinge anche chi vi è accanto a trattarvi con dignità.*

Nadine era raggiante come se avesse appena vinto alla lotteria. Si piegò verso di me e mi sussurrò: "Il contegno fiero e regale funziona alla grande! Penso che il direttore mi abbia scambiata per l'insegnante del gruppo. È convinto che sia io, qui, il capo".

"Lo penso anch'io," le sussurrai in risposta. "Ma il ruolo di capo le sta davvero a pennello."

Era evidente il motivo per cui il direttore del ristorante si fosse rivolto proprio a Nadine. Mentre stavamo entrando, aveva cercato all'interno del gruppo la persona che più dava l'impressione di esserne a capo. Nel farlo aveva passato in rassegna rapidamente – e magari inconsciamente – il linguaggio del corpo di tutti i partecipanti. Tra noi Nadine era quella che sembrava più sicura di sé, senza contare che aveva anche stabilito un immediato contatto di sguardi con il direttore. Per questi motivi era risultata la persona che emanava maggiore autorità. Era riuscita in questo senza bisogno di ostentare alcunché, o darsi delle arie. Il suo linguaggio del corpo era bastato a trasmettere il messaggio: "Io sono importante".

*Il segnale Io-sono-importante:*

- *postura diritta,*
- *chiaro contatto di sguardi,*
- *movimenti pacati e*
- *un'espressione del volto cordiale e regale.*

Nadine mantenne il contegno fiero e regale per l'intera durata del corso. Era questa la tecnica che le trasmetteva più sicurezza. Si era goduta il successo che l'esperimento le aveva procurato e non vedeva l'ora di mettere in pratica quanto appreso anche sul posto di lavoro. Aveva trovato un modo per liberarsi della tanto odiata immagine da "pulcino".

## Lo sguardo da Bambi e il sorrisetto accattivante

Ci sono persone che con il passare degli anni hanno adottato un linguaggio del corpo "compiacente". Permettetemi di spiegare brevemente cosa intendo con questo. Per compiacenza mi riferisco a quella gentilezza che si accompagna a una certa sottomissione. È un essere gentili che segnala all'altro: "Faccio proprio come vuoi tu" e nasce dall'adeguarsi subito alla richiesta altrui. Questa compiacenza è spesso accompagnata da uno sguardo da Bambi, un sorrisetto accattivante e il frequente annuire del capo.

*Una mimica troppo gentile lascia spesso presupporre sottomissione e mancanza di autorità.*

Vi prego di non confondere questa carineria sottomessa con la gentilezza vera e propria: anche essendo gentili potete farvi valere o apparire comunque determinati. La gentilezza ci fa risultare agli occhi dell'altro bendisposti e rispettosi. Un sorriso gentile può rivelare ottimismo, o addirittura sicurezza nelle proprie capacità. Il sorrisetto accattivante, invece, fa apparire una persona più sottomessa, e quindi anche più impotente.

Dimostrandoci carini e gentili in questo modo remissivo ci facciamo piccoli e trasferiamo più potere all'altro, permettendogli di sovrastarci. Lui, a quel punto, può prendere il controllo della situazione e dominare tutta la conversazione seguente.

*Chi emana solo gentilezza e amabilità rischia di farsi mettere i piedi in testa quando dialoga con l'altro.*

Questo tipo di atteggiamento sottomesso si riscontra soprattutto nelle donne. Un tempo alle bambine si raccomandava in continuazione di mostrarsi carine e gentili. "Non fare la scontrosa!" si ripeteva spesso. "Zio Klaus e zia Beate vengono a trovarci: vedi di comportarti bene." "Su, fa' la brava e da' un bacino allo zio." "Dai, sorridi un po' di più! Sei così carina, quando sorridi!"

Questa sorta di "addestramento" si è trasformato per molte donne in un'abitudine che le porta, anche da adulte, a passare automaticamente in "modalità gentile" non appena incontrano un'altra persona.

## Troppo gentile per dire no

Se il vostro linguaggio del corpo segnala in automatico: "Sono carina e gentile", potreste incontrare serie difficoltà, soprattutto nel momento in cui volete farvi valere. Cercherò di spiegarvelo con un esempio, ossia raccontandovi la storia di Julia.

Julia era una di quelle donne sempre gentili e bendisposte verso il prossimo. Regalava un sorriso a chiunque si trovasse davanti. Era capace di prestare ascolto e annuiva comprensiva quando qualcuno le raccontava qualcosa. Ma c'era anche dell'altro: cedeva facilmente alla pressione altrui e, come molte altre donne, aveva grandi difficoltà a dire no. Sul lavoro c'era un collega che le creava problemi e riusciva sempre a rifilarle qualcuna delle sue mansioni.

*Chi è troppo gentile e bendisposto finisce spesso per farsi mettere i piedi in testa nel confronto con l'altro.*

Mi raccontò cosa le succedeva di solito. Mentre leggete quanto segue, provate a immaginarvi la scena, poiché qui il linguaggio del corpo svolge un ruolo fondamentale.

Julia amava tenere aperta la porta dell'ufficio, anche per poter scambiare due chiacchiere di tanto in tanto con chi passava di lì. Il collega di cui sopra era solito passeggiare un po' in corridoio, poi si fermava sulla soglia della sua stanza e faceva una semplice osservazione, del tipo: "Sempre al lavoro, eh?".

Lei rispondeva in automatico con il linguaggio del corpo: lo guardava sorridente e annuiva con il capo. Il collega si sentiva subito invitato a entrare, e non esitava a farlo. Una volta nella stanza, anziché accomodarsi su una sedia si sedeva sul bordo della scrivania e cominciava a parlare. E Julia lo guardava e gli prestava ascolto.

*Dialogate con i vostri interlocutori mantenendo gli sguardi alla stessa altezza.*

In genere si lamentava del fatto che il capo lo aveva di nuovo oberato di lavoro. Per venerdì, per esempio, doveva preparare e analizzare il rapporto trimestrale, ma di sicuro non ce l'avrebbe fatta. Julia annuiva comprensiva. Questo portava il collega a sentirsi invitato a proseguire, per cui iniziava tranquillamente a programmare la suddivisione dei lavori.

Sosteneva che Julia era l'unica tra i colleghi a capirlo e a non pensare solo a se stessa. Nel sentirglielo dire, lei sorrideva – e annuiva di nuovo. Senza contare che lei era anche un asso con il programma della banca dati, che lui invece non aveva ancora imparato a usare. Julia si sentiva adulata – e sorrideva.

"Casualmente" il collega aveva lì con sé i documenti necessari per redigere il rapporto trimestrale. Ancor prima che Julia potesse dire qualcosa, la sua testa annuiva automaticamente – e un attimo dopo i documenti erano sulla sua scrivania. "Non è che potrebbe dare un'occhiata veloce?" le chiedeva il collega senza nemmeno attendere la risposta da parte sua. Poi continuava a parlare e lei non osava interromperlo. Ed ecco che lui era già sulla soglia e la salutava, andandosene. Prima, però, la ringraziava di nuovo per averlo tratto dagli impicci ancora una volta.

*Essere rispettati è più importante che essere amati.*

Julia rivolgeva gli occhi al cielo, cercava di dire qualcosa, ma sulla scrivania c'erano già quei fogli ad aspettarla. Fino ad allora non era mai riuscita a non toccarli ed evitare di fare il favore al collega. In effetti, poi, quello che le chiedeva era una cosa da niente per lei, per cui non le sembrava nemmeno una ragione valida per entrare in contrasto. Quando due giorni dopo lui veniva a ritirare il rapporto trimestrale, ripeteva che Julia era la sua collega preferita, che lo aveva salvato ancora una volta. L'unica persona gentile in tutto il reparto.

Per evitare di creare equivoci, sottolineo subito che, in linea di principio, dimostrarsi disponibili va benissimo. Non c'è nessun problema ad aiutare il prossimo. Nel caso di Julia, però, c'erano due problemi: prima di tutto il collega non le chiedeva mai apertamente aiuto, ma le imponeva la propria volontà. Inoltre, la disponibilità ad aiutare era sempre univoca. Ogni volta era Julia ad aiutare il collega, e quest'ultimo non faceva mai presente al capo che era lei a preparare il rendiconto o a svolgere altri lavori al posto suo. Agli occhi altrui risultava lui quello in gamba; il contributo di Julia finiva sempre sotto il tappeto. Cosa ci guadagnava lei? Solo la garanzia che il collega sarebbe tornato con altre richieste.

*Avete il diritto di essere interpellati prima di accollarvi una mansione altrui.*

## Non lasciatevi sopraffare

Nel corso del seminario sull'autoaffermazione Julia mi chiese: "Cosa posso fare perché il mio collega smetta di sfruttarmi così?". Temeva di dover litigare con lui, perché sul lavoro voleva assolutamente mantenere un clima pacifico e armonioso. Cercammo quindi un modo perché riuscisse a farsi valere evitando scontri e attriti.

La mia idea era che il collega non fosse una persona infida e maligna: seguiva semplicemente la strada della minore resistenza. Cercava di raggiungere il suo scopo, e per quello Julia rappresentava la partner ideale. Il suo modo carino e gentile di porsi si adattava perfettamente alla sua tattica di pressione. Il tutto costituiva ormai uno schema collaudato che, come una danza, si ripeteva sempre uguale ogni volta: il collega entrava e invitava Julia a ballare, e lei eseguiva da brava i passi previsti.

*Se volete modificare un'interazione, modificate prima di tutto la vostra mimica.*

Per interrompere lo schema ormai automatico tra lei e il collega era importante che Julia riprogrammasse da capo il suo linguaggio del corpo. La "sequenza di danza" tra i due, infatti, iniziava da subito, non appena lui compariva sulla soglia del suo ufficio. Anziché sorridere, annuire e stare ad ascoltare buona buona, Julia aveva bisogno di adottare un atteggiamento dignitoso e neutrale con il quale affrontare l'altro. Qui di seguito vi elenco quindi i consigli più importanti per Julia e tutti coloro che desiderano smettere l'atteggiamento gentile e sottomesso.

### Come evitare di farsi sfruttare dagli altri

- Adottate il contegno fiero e regale sin dall'inizio del dialogo.
- I dialoghi vanno sostenuti mantenendo gli sguardi allo stesso livello. Se il vostro interlocutore sta in piedi, mettetevi in piedi anche voi, oppure invitatelo a sedersi.
- Sulla vostra scrivania non ci si siede. Sistemate subito un bel cactus spinoso (o un telefono, un raccoglitore) nel punto in cui il collega è solito appoggiarsi.
- Va benissimo rivolgere un cordiale sorriso all'altro per salutarlo. Mentre lo ascoltate parlare, però, mantenete un'espressione neutra ed evitate di annuire automaticamente con il capo.
- Evitate assolutamente sorrisi e cenni di assenso nel momento in cui l'interlocutore attacca con la consueta storia Ho-un-sacco-di-lavoro-da-sbrigare.
- Chiarite in modo inequivocabile quello che *non* volete. Adottate un chiaro atteggiamento di rifiuto se il collega dice o fa qualcosa che non condividete. Scuotete immediatamente la testa e distogliete lo sguardo. Se l'altro continua a parlare cercando di convincervi, potete anche alzarvi improvvisamente o girarvi dall'altra parte e dichiarare apertamente il vostro "No!" o intimargli "Stop!".
- Se nonostante tutto il collega fa finta di niente e vi lascia sulla scrivania il lavoro da svolgere per poi dileguarsi, chiamatelo subito al telefono. Informatelo che ha dimenticato i documenti nel vostro ufficio e ditegli di venire subito a riprenderseli.

Alla fine Julia non sentirà più il bisogno di trovare cento scuse per evitare di dire chiaramente al collega che non intende più svolgere il lavoro per lui. Non avrà bisogno di attaccarlo o rimproverarlo: le basterà mantenere il contegno fiero e regale e spiegargli tranquillamente cosa vuole e cosa non intende più fare in futuro. (Sul tema del dire no e del porre chiari limiti ho elaborato un'apposita strategia esposta nel terzo capitolo.)

Naturalmente d'ora in poi Julia non dovrà dire sempre e solo no. Potrà anche mettersi d'accordo con il collega, secondo il detto "una mano lava l'altra". Prima di fargli qualche favore, però, potrà chiedergli di fare anche lui qualcosa per lei, in cambio. Comunque decida di comportarsi, d'ora in poi Julia si rivolgerà al collega mantenendo un atteggiamento di pari dignità.

## Le domande più frequenti sul contegno fiero e regale e sul linguaggio del corpo

*"Mi piace sorridere al prossimo. Inoltre, considerato che lavoro in un negozio, rientra anche nella mia professione. Io, però, vorrei anche sentirmi presa sul serio da clienti e colleghi. Devo imparare a sorridere di meno perché questo accada?"*

Dipende. In linea di principio non c'è niente di male a sorridere agli altri. Quando entro in un negozio mi fa molto piacere essere servita da una persona che si dimostra gentile, e io stessa amo sorridere. Su questo non c'è niente da ribadire. Importante è la mimica che si accompagna al sorriso. Se sorridete mantenendo il contegno fiero e regale, il vostro sorriso vi farà apparire sicuri di voi e orgogliosi. Ci sono però anche situazioni nelle quali è preferibile mantenere un'espressione seria.

> *Il vostro sorriso contribuisce a farvi apparire dignitosi e sicuri di voi, se lo abbinate al contegno fiero e regale.*

Smettete di dimostrarvi cordiali o sorridenti se qualcuno fa o dice qualcosa in vostra presenza che vi ferisce o vi offende. Continuando a sorridere, gli trasmettereste il messaggio: "Sono d'accordo con il modo in cui mi stai trattando" e minereste la vostra personale autorità. È sempre utile mantenersi gentili nel contegno fiero e regale, ma se necessario sapersi anche dimostrare severi.

*"Quando parlo tendo a gesticolare parecchio. In pratica parlo con braccia e gambe. È sbagliato fare così tanti gesti?"*

Dipende se si tratta di gesti nervosi o se siete semplicemente una persona dal forte temperamento. I gesti nervosi servono a scaricare l'energia in eccesso accumulata per l'agitazione. Questi gesti nervosi distraggono da quello che state dicendo e portano a dedurre che vi sentite a disagio.

*Accertatevi che i vostri gesti sottolineino quanto state dicendo.*

Se invece la gestualità serve a sottolineare le vostre parole, non è un problema, anzi: facilita la conversazione, perché a chi vi sta davanti offrite non solo qualcosa da sentire, ma anche da guardare. Con interlocutori molto silenziosi e distanti, tuttavia, è meglio evitare una gestualità esagerata, poiché alle persone tendenzialmente introverse può risultare irritante.

*"Nella mia cerchia di conoscenti ce ne sono alcuni che amano parlare tanto. Appena prendono la parola, io non riesco più a dire niente. Come posso evitare di essere travolto da questi fiumi di parole?"*

Se l'altro parla e parla all'infinito, ha bisogno di essere fermato. Non servono gesti esagerati: già qualche leggero cambiamento nel vostro linguaggio del corpo può servire a mettere un freno a un interlocutore logorroico. A tale proposito vi consiglio di procedere per gradi, abbandonando via via l'atteggiamento di ascolto. In altre parole: prendete sempre più distanza dall'interlocutore attraverso la mimica. La regola da seguire è partire sempre dal primo stadio, che prevede una certa delicatezza. Se poi vedete che l'altro non smette comunque di parlare, passate allo stadio successivo. Se continua, non esitate a prendere voi la parola.

*Primo stadio*

- Assumete il contegno fiero e regale;
- passate da un'espressione del viso cordiale-interessata a una neutra;
- smettete di sorridere e di annuire;
- interrompete il contatto di sguardi con l'interlocutore e rivolgete lo sguardo altrove.

*Secondo stadio*

- Indietreggiate e ponete una maggiore distanza tra voi e la persona che avete davanti;
- cominciate a occuparvi di qualcos'altro: guardate l'orologio, cercate una caramella alla menta, scrivete qualcosa nell'agenda o passate in rassegna quello che avete nelle tasche della giacca.

*Terzo stadio*

- Arrestate il flusso di parole del vostro interlocutore prendendo voi stessi la parola. Potete farlo in modo delicato e cordiale. Aspettate che prenda fiato e ditegli, per esempio: "Scusa, ma ora non posso più ascoltarti". Oppure commentate in maniera chiara e concisa: "Interessante, ma ora non ho più tempo", o "Bene! Prima di dimenticarmi, volevo anch'io dirti una cosa, e cioè..." (e proseguite voi il discorso).

*Quarto stadio: prevenire il flusso ininterrotto di parole*

- In occasione di un successivo incontro, ponete fin dall'inizio all'interlocutore un limite preciso, sempre mantenendo un tono cordiale. Potreste dirgli, per esempio: "So che hai molto da raccontarmi, ma anch'io ho qualcosa di importante da dirti. Per evitare che mi passi di mente, quindi, preferisco farlo subito. Allora...".

## Come proteggervi dal malumore di chi vi sta intorno

Nei miei seminari sull'autoaffermazione ho avuto spesso occasione di lavorare con persone estremamente sensibili. Molte di loro avevano difficoltà a non lasciarsi coinvolgere dalle emozioni e dagli stati d'animo di chi avevano vicino. Se la persona con cui stavano parlando iniziava a lamentarsi, anche loro si intristivano, oppure si facevano prendere dall'ansia e dalla fretta se l'altro cercava affannosamente qualcosa. Si aveva l'impressione che a queste persone mancasse del tutto la cosiddetta "scorza dura". Quello che però creava loro più problemi era l'estrema suscettibilità. Bastava che si sentissero rivolgere il minimo commento critico o che vedessero l'interlocutore rivolgere gli occhi al cielo un po' stizzito per sentirsi offesi. Ogni volta che accadeva, abbandonavano completamente il contegno fiero e regale.

*Avete il diritto di prendere distanza dagli stati d'animo e dall'umore del prossimo.*

Fondamentalmente questa sensibilità così profonda e questa capacità empatica sono qualcosa di estremamente prezioso, nonché prova di una grande apertura verso l'altro. Ogni apertura, però, ha bisogno anche di una serratura, così come ogni sensibilità ha bisogno di una buona protezione.

Se anche voi siete tra queste persone, la strategia che sto per illustrarvi vi sarà molto utile, perché vi permetterà di prendere le distanze tra voi e gli stati d'animo altrui. Inoltre vi aiuterà a non lasciarvi coinvolgere dalla condizione dell'altro e a non rendervi così facilmente vulnerabili. Ho chiamato questa strategia lo *scudo protettivo.*

Uno dei partecipanti ai miei seminari disse una volta che lo scudo protettivo funziona un po' come l'occhio di un uragano: mentre tutt'intorno si scatena la tempesta, al suo interno regnano calma e tranquillità.

*Non importa cosa vi dice qualcun altro: non dovete per forza agitarvi. Potete costruire il vostro scudo protettivo e mantenervi rilassati.*

Con lo scudo protettivo potete:

- prestare ascolto a chi avete davanti senza lasciarvi coinvolgere troppo da quello che dice;

- lasciarvi scorrere addosso commenti idioti senza sentirvene offesi;
- mantenervi calmi anche quando tutti gli altri intorno a voi si fanno prendere dall'ansia e dalla frenesia;
- dire a qualcuno qualcosa di spiacevole senza soffrirne in prima persona;
- accogliere apertamente la critica altrui senza bisogno di scattare sulla difensiva;
- prestare aiuto agli altri senza bisogno di condividerne i dolori o di rimetterci in prima persona.

## Come costruirsi una "scorza dura"

Probabilmente conoscete lo scudo protettivo già da tempo. È quello stato che vi permette di osservare in tutta tranquillità ciò che gli altri fanno intorno a voi senza farvi coinvolgere. In parole povere: le azioni, gli stati d'animo e i commenti altrui non vi toccano e non li prendete nemmeno sul personale.

Sono sicura che vi sia già capitato di trovarvi in uno stato simile. Magari non ricordate come avete fatto a mantenervi tanto calmi in una determinata situazione, ma quel senso di pacata distanza non vi è del tutto estraneo. È proprio in questo che consiste il vostro scudo protettivo. Forse fino a oggi non avete saputo crearlo in maniera intenzionale, ma d'ora in poi ci riuscirete.

Le indicazioni che seguono vi indicano come farlo passo dopo passo.

Strategia di autoaffermazione: lo scudo protettivo

1. Assumete il contegno fiero e regale. Respirate a fondo e mantenetevi rilassati.
2. Immaginate di essere circondati da un carro armato di vetro trasparente, che vi permette di osservare e sentire senza problemi tutto ciò che vi sta intorno, proteggendovi al contempo da eventuali colpi. Niente di pericoloso può pene-

trare attraverso questo robusto carro armato di vetro: è il vostro scudo protettivo.
3. Concedetevi un momento di pausa. Osservate quanto vi sentite al sicuro grazie a questa bella protezione. Riuscite a seguire tutto ciò che accade, ma tutto rimane al di fuori.
4. Determinati pensieri possono aiutarvi a costruire in un attimo il vostro scudo protettivo. Provate per esempio con queste affermazioni:
   - Lascio che riguardi solo l'altro.
   - Questo ora non mi riguarda affatto.
   - A questo commento non reagisco.
5. Esercitatevi nell'uso dello scudo protettivo dapprima in situazioni tranquille. Più avanti, quando vi sentirete più sicuri, vi divertirete a collaudarlo anche in situazioni più critiche.

Alcuni dei partecipanti ai miei seminari all'inizio erano piuttosto scettici nel sentirmi proporre questa tecnica, pensando che lo scudo protettivo comportasse il chiudersi in se stessi e isolarsi, cose che non intendevano fare.

*Lo scudo protettivo vi permette di prestare attentamente ascolto all'interlocutore senza lasciarvi coinvolgere emotivamente.*

In realtà lo scudo protettivo non ha niente a che vedere con il chiudersi in se stessi e isolarsi. Esso ci insegna che solo evitando di prendere sul personale le affermazioni e le emozioni di chi abbiamo di fronte possiamo davvero prestare attenzione a quello che vuole dirci.

Senza lo scudo protettivo rimaniamo invischiati nella nostra permalosità e ci concentriamo più sulle nostre emozioni e opinioni che su quello che l'interlocutore ci sta dicendo. Grazie a esso possiamo assorbire in tutta calma e senza agitarci messaggi sgradevoli, come per esempio critiche per un lavoro svolto. Siamo aperti a tutto ciò che accade senza lasciarcene travolgere.

## Se il dialogo sfocia sempre in litigio

Regina era tra quei partecipanti all'inizio un po' scettici nel sentirmi proporre la strategia dello scudo protettivo. Ciò nonostante, decise di sperimentare la tecnica, e lo fece in una situazione che da anni le creava problemi: le visite alla madre.

Consiglio sempre di collaudare una strategia di autoaffermazione in una situazione non eccessivamente problematica, in modo da prenderci confidenza e, nel caso non funzionasse al primo colpo, non rischiare troppo. Regina, però, decise di sperimentare lo scudo protettivo in una circostanza per lei estremamente critica.

*Indossate il vostro scudo protettivo quando reagite in modo "allergico" a una determinata persona.*

Da quando aveva memoria, Regina ricordava di aver avuto sempre problemi ad andare d'accordo con la madre. La definiva una donna ipercritica, costantemente alla ricerca dei difetti altrui. Fin da piccola, lei si era sempre sentita rimproverare per qualunque cosa facesse, e tuttora aveva l'impressione di non riuscire mai a renderla felice.

Ormai aveva superato la quarantina, ma il rapporto tra loro era ancora molto teso. Da anni non aveva più voglia di andare a trovare la madre. Le due si vedevano solo una volta all'anno, a Natale, quando il pranzo di famiglia si concludeva regolarmente in litigio.

*È inutile pretendere riconoscimento da qualcuno che non è in grado di darlo. L'unico riconoscimento di cui avete davvero bisogno è quello da parte vostra.*

Solitamente accadeva quanto segue. I familiari erano riuniti attorno alla tavola e chiacchieravano tra loro, finché a un certo punto Regina raccontava qualcosa di sé, del lavoro o dell'ultima vacanza. Quello era il momento in cui la madre le rivolgeva ogni volta gli stessi rimproveri. Era delusa dal fatto che la figlia non avesse frequentato l'università e che avesse combinato poco nella vita. E dei suoi viaggi all'estero non le importava praticamente niente, anzi: era convinta che Regina potesse fare anche delle meravigliose vacanze standosene in Germania. In fondo non aveva nemmeno idea delle bellezze che aveva a due passi. A quel punto la figlia andava regolarmente su tutte le furie. Se la prendeva per i commenti della madre, le sue continue critiche e i rimproveri. L'altra ribatteva pronta, sostenendo di avere tutto il diritto di esprimere le proprie opinioni e di non lasciarsi tappare la bocca dalla figlia. E così sempre, anno dopo anno, si scambiavano questo, come regalo. Anziché un bianco Natale, un Natale di rabbia. Fu proprio in quella situazione che Regina decise di mettere in pratica per la prima volta lo scudo protettivo.

## Imparare a non prendere troppo sul personale le osservazioni critiche

Rividi Regina un anno dopo, in occasione del corso di autoaffermazione al livello più avanzato. Raccontò subito della sua esperienza con la tecnica dello scudo protettivo, di cui era ormai entusiasta. L'aveva sottoposta a un collaudo davvero arduo, andando a trovare la madre per il suo compleanno. Anche in quell'occasione, naturalmente, si era ripresentato lo schema conflittuale consueto. Mentre prendevano il caffè e una fetta di torta, a un certo punto lei aveva cominciato a raccontare qualcosa di sé, e la madre che le sedeva accanto aveva scosso la testa commentando: "Santo cielo, figliola mia! Quando ti deciderai a darmi ascolto? Avresti potuto raggiungere molto nella vita. Ti ho sempre detto che sforzandoti un po' di più potresti...". Quelle erano esattamente le frasi che mandavano Regina su tutte le furie. Ormai, però, era armata interiormente: aveva costruito il suo scudo protettivo ed era determinata a lasciarsi scorrere sopra le critiche senza prestarvi alcuna attenzione.

*Avete il diritto di essere come siete, così come gli altri hanno il diritto di essere come sono.*

Regina raccontò cosa successe poi. "Sentivo mia madre lamentarsi come al solito, quasi fossi la vera delusione della sua vita. E io me ne stavo seduta lì, dentro il mio carro armato trasparente, e per la prima volta ebbi l'impressione che le sue parole non mi arrivassero al cuore. Ascoltai attentamente quello che stava dicendo.

*Lo scudo protettivo impedisce che le parole degli altri vi colpiscano al cuore.*

"Probabilmente prima di allora non ero mai stata ad ascoltarla veramente, dato che esplodevo subito, e in quel momento mi resi conto per la prima volta di quanto si sentisse delusa. Sentendola parlare così mi venne in mente che forse era frustrata dalla sua stessa vita. Forse aveva sempre sperato di migliorarla grazie a me, ma io non potevo fare niente per rendere più bella l'esistenza di mia madre. Io posso solo vivere la mia vita. Quindi mi rivolsi a lei come non avevo mai fatto prima. Le dissi serissima: 'Mamma, mi spiace che tu sia così delusa'. Lei si limitò a fissare il piatto con espressione triste e mi rispose: 'Non conosco altri modi d'essere'. Mi resi conto che è una donna profondamente frustrata, che scarica addosso agli altri le sue emozioni negative. E quando io le sono accanto, assorbo tutte le sue frustrazioni. Il fatto, però, è che sono sue, e io non posso farci niente. Per la prima volta dopo moltissimi anni, quella volta non litigammo. Riuscii a parlare con lei fino alla fine e a osservare come mi sentivo nel farlo. Direi che il mio scudo protettivo ha funzionato davvero bene."

*Avete il diritto di non sentirvi responsabili della sofferenza psicologica altrui.*

## La distanza che vi fa stare bene

Distanza: è questo ciò che lo scudo protettivo vi mette a disposizione. Solo guardando le cose un po' dall'alto riuscite a capire chiaramente cosa sta succedendo. Potete riconoscere se la comunicazione prosegue sempre seguendo gli stessi binari e vi rendete anche conto a che punto, generalmente, tendete a prendervela o ad agitarvi. Ora che conoscete questa tecnica, potete mantenere la calma e osservare la situazione con un certo distacco.

Indipendentemente da quello che dice o che fa l'altro, non siete obbligati a lasciarvene coinvolgere. Avete la possibilità di non sentirvi colpiti personalmente e nemmeno di reagire. Se decidete di farlo, però, potete scegliere un modo che vi faccia stare bene, senza lo stress di dover cambiare o convincere l'altra persona. Potete tranquillamente permetterle di essere diversa da voi. Lo scudo protettivo vi dà modo di restare voi stessi.

Grazie a esso potete anche sostenere con molta più facilità dialoghi che in genere vi creerebbero forte malessere. In questo caso lo scudo non vi protegge da qualcosa di esterno, ma dal senso di disagio interiore.

Ricordo un partecipante a un mio seminario che una volta mi chiese: "Come si può dire a un collega gentile e simpatico che a volte produce una forte sudorazione – o più schiettamente, che puzza? E come si può invitarlo a usare un deodorante?".

*Lo scudo protettivo vi aiuta ad affrontare in modo obiettivo e distaccato anche argomenti imbarazzanti.*

A essere sincera, nemmeno io ho un'idea di quali parole sarebbero più adatte in questo caso. Dipende dal collega e dalla situazione del momento. Di una cosa, però, sono certa: lo scudo protettivo è indispensabile. Quando ci si sente ben protetti e a proprio agio risulta più probabile che l'altro non si senta attaccato a livello personale. La calma e la tranquillità, infatti, si trasmettono facilmente.

Quando in futuro dovrete affrontare una situazione che vi farà sentire in imbarazzo e vi farà pensare: "Oddio, come faccio a chiedergli una cosa del genere?", o: "Non oso fargli una domanda simile", ricordatevi dello scudo protettivo. Grazie a questa strategia potrete dire cose e affrontare conversazioni che solitamente vi creerebbero problemi. Tenete sempre presente, quindi: quando la situazione si fa critica, indossate immediatamente lo scudo!

Probabilmente accadrà anche a voi, come a molti dei miei allievi, di non voler più uscire di casa senza lo scudo protettivo. Come tutte le altre strategie di autoaffermazione, però, anch'essa non deve rappresentare una condizione costante. Ci sono situazioni in cui lasciarsi coinvolgere personalmente e nel profondo è importante, e può essere meraviglioso. Se la persona amata vi dice: "Ti amo", prendete pure questa osservazione sul personale! Accettate la situazione senza remore.

*Lo scudo protettivo non deve essere una condizione permanente, ma solo una tecnica per mantenersi rilassati in situazioni critiche.*

Non avete alcun bisogno dello scudo protettivo quando tenete vostro figlio tra le braccia e lui vi ricambia con un sorriso raggiante, quando vi ritrovate davanti a un tramonto mozzafiato o quando festeggiate in allegria con gli amici. In queste situazioni lasciatevi coinvolgere pure nell'intimo.

Considerate lo scudo protettivo un nuovo strumento da tenere a disposizione e adottare in maniera consapevole (e in maniera altrettanto consapevole mettere da parte).

Tutte le cinque strategie di autoaffermazione presentate in questo manuale vi permettono di raggiungere in breve tempo una certa sicurezza in voi stessi. I risultati più immediati, tuttavia, li potete ottenere combinando contegno fiero e regale e scudo protettivo. Solo con l'aiuto di entrambe le tecniche ho avuto modo di assistere a un cambiamento radicale in soggetti insicuri ed estremamente timidi. Due ore dopo, le stesse persone sedevano di fronte a me orgogliose e consapevoli di se stesse. Forse vi richiederà più tempo acquistare davvero maggiore sicurezza interiore. Per un cambiamento esterno, però, può bastare una mattinata.

Le strategie che seguono richiedono una spiegazione un po' più approfondita. Si tratta infatti di strategie verbali di autoaffermazione, che vi permetteranno di ottenere risultati davvero eccezionali, se abbinate al contegno fiero e regale e allo scudo protettivo. Applicarle alla vita di tutti i giorni è molto più semplice di quanto possa descrivere io qui. Dopo esservi esercitati un paio di volte con il contegno fiero e regale e lo scudo protettivo, vi basterà semplicemente richiamarli alla mente e vedrete che il vostro corpo entrerà automaticamente nello stato desiderato. Una volta assunto questo atteggiamento di fierezza, vi riuscirà molto più facile esprimervi con sicurezza. I capitoli che seguono vi indicheranno, a questo punto, cosa dire nelle varie situazioni.

CAPITOLO 2

# La seconda strategia di autoaffermazione: la volontà ferrea

Questa strategia di autoaffermazione vi aiuta a ottenere quello che volete. Il modo in cui potete riuscirci è semplicemente imparare a esprimere i vostri desideri. Solo facendo capire al vostro interlocutore quello che volete, gli permettete infatti di procedere in tal senso. Al contrario, non dando voce a una richiesta o a un desiderio, essi non avranno modo di essere esauditi. Esprimere in modo chiaro i propri desideri è fondamentale per riuscire a farsi valere.

In questo capitolo vi insegnerò soprattutto a evitare di esprimervi in modo ambiguo, a capire cos'è che motiva il vostro interlocutore a esaudire la vostra richiesta e cosa invece lo blocca o lo spinge a rifiutarla.

Grazie alla strategia di autoaffermazione della volontà ferrea imparerete a:

- riassumere in parole semplici i vostri bisogni;
- trovare il coraggio di esternare una richiesta;
- dire chiaramente di cosa avete bisogno;
- esprimervi in un modo che predispone l'altro a esaudire la vostra richiesta;
- accettare con pacatezza un'eventuale risposta negativa.

## Meglio parole chiare che lunghi sospiri

Purtroppo sono lontani i tempi in cui gli altri sapevano intuire i nostri desideri ancor prima che li formulassimo (o forse non sono proprio mai esistiti!). Uno sguardo supplichevole o un sospiro non bastano a far capire a chi abbiamo di fronte di cosa abbiamo bisogno. Possiamo sospirare in eterno e fare gli occhi dolci finché vogliamo, ma a nessuno verrà in mente di esaudire i nostri desideri inespressi. Lo so, non è particolarmente romantico, ma non ci resta altro da fare che aprir bocca e parlare in modo chiaro.

*Finché tacete nessuno capisce di cosa avete bisogno.*

Naturalmente questa seconda strategia di autoaffermazione non vi garantisce di ottenere sempre tutto ciò che volete. Mi spiace molto, ma per quanto ne so non esiste alcuna tecnica di comunicazione che vi permetta di diventare onnipotenti ed esaudire ogni vostro desiderio. Come sempre, nella vita, la vostra volontà termina laddove inizia la volontà dell'altro. Questa strategia, tuttavia, vi permette di aumentare le chance di successo. Dicendo chiaramente cosa desiderate, aumentate allo stesso tempo anche la probabilità di ottenerlo. A volte non c'è bisogno di fare grandi battaglie o di ricorrere a una raffinatissima retorica per riuscire a imporsi: spesso è sufficiente una richiesta chiara.

Per quanto possa suonare semplice, tuttavia, avanzare una richiesta risulta per molti un problema, in particolare per le persone con una scarsa fiducia in se stesse.

*Avete il diritto di chiedere quello che desiderate, così come l'altro ha il diritto di rispondervi sì o no.*

## Non avere pretese e non pesare su nessuno

Chi non nutre una grande opinione di se stesso e si sente spesso inutile o inadeguato tende a non attribuire grande importanza ai propri desideri e bisogni. È come se ritenesse di non meritare di ricevere ciò di cui ha bisogno. A questo si aggiunge il fatto che tali individui spesso fanno di tutto per evitare di procurare disturbo al prossimo, rinunciando praticamente a ogni richiesta propria. Dietro tale atteggiamento si nasconde (inconsapevolmente) l'intenzione di risultare più sopportabili agli occhi altrui e, di conseguenza, essere più amati.

*Esiste solo una persona al mondo in grado di giudicare se i vostri desideri sono adeguati o meno, e questa persona siete voi.*

Si tiene nascosto ciò che si desidera ma, per contro, si è subito pronti a soddisfare ogni richiesta del prossimo. Gli altri hanno sempre la precedenza. Prima vengono i desideri dei figli, del partner e dell'azienda; poi è il turno di amici e parenti; poi bisogna dar da mangiare al cane e sbrigare tutta una serie di piccole commissioni. Solo una volta svolto tutto questo è il turno dei propri desideri e bisogni. Per loro, però, ormai non ci sono più né tempo, né energie a disposizione.

Molte persone dotate di scarsa autostima sperano sotto sotto in una ricompensa per il fatto di non chiedere mai niente e dimostrarsi sempre disponibili. Si augurano che prima o poi arrivi anche il loro momento e di ottenere quanto desiderano in cuor loro. Prima o poi. Una domanda: non sarebbe meglio ottenerlo subito?

Non so come vi immaginiate le persone dotate di scarsa autostima. Da quanto ho avuto modo di vedere, si tratta semplicemente di persone come me e voi. Persino individui di successo sul lavoro e nella vita privata registrano qua e là qualche cedimento nella sicurezza e fiducia che nutrono in se stessi. Per esempio, ad alcune persone riesce facile avanzare richieste sul lavoro, ma in privato la situazione è del tutto diversa. Lì incontrano notevoli difficoltà a chiedere al partner: "Abbracciami, per favore".

*I vostri desideri e bisogni sono una parte di voi. Non c'è alcun motivo di vergognarsene o di tenerli nascosti.*

Oppure accade il contrario: all'interno delle quattro pareti domestiche alcuni riescono benissimo a esprimere i propri bisogni, ma una volta sul lavoro non aprono più bocca. Anziché chiedere un cambio di mansioni o semplicemente di abbassare l'aria condizionata, preferiscono mordersi la lingua e non dicono una parola. Quando è il momento di esprimere a chiare lettere le proprie richieste, la maggior parte delle persone incontra un problema.

## Non chiedendo niente, non si ottiene niente

Quando vidi Britta per la prima volta non immaginavo che potesse avere difficoltà a farsi valere. Era una giovane giornalista all'apparenza alquanto sicura di sé. In seguito a una particolare esperienza, tuttavia, dovette rendersi conto in prima persona di avere ancora qualcosa da imparare, in questo campo.

La giornata era iniziata bene: Britta aveva ottenuto il posto di lavoro per il quale si era candidata. Il caporedattore, tuttavia, aveva posto una condizione prima di assumerla: un periodo di prova di sei mesi, nel corso dei quali non avrebbe ricevuto lo stipendio di un normale giornalista, ma molto meno, vale a dire un compenso da apprendista. Durante il colloquio di lavoro lei aveva accettato, visto che in caso contrario non avrebbe ottenuto il posto. Era comunque convinta di sapere il fatto suo e che avrebbe superato bene il periodo di prova. E così accadde.

*Avete anche il diritto di esprimere i vostri desideri in merito al nuovo posto di lavoro.*

Britta fu inserita nella redazione culturale e cominciò subito a scrivere i suoi articoli. Era una collaboratrice davvero valida e preparata, molto più che una semplice praticante. Solo il suo stipendio non era all'altezza del posto. Per sei mesi fu costretta a tirare la cinghia, poi finalmente il periodo di prova giunse al termine. A quel punto, come d'accordo, avrebbe dovuto essere assunta ufficialmente, poiché ufficialmente sembrava aver superato la prova. Ma così non fu.

*Se siete irritati o non sapete cos'altro fare, aprite la bocca e affrontate apertamente la questione.*

Giorno dopo giorno si alternavano le consuete riunioni di redazione. Britta consegnava puntuale i suoi articoli ma... non succedeva niente. Nessuno si presentava da lei a dirle qualcosa e nessuno le aumentava lo stipendio. Il caporedattore era, come sempre, accigliato e di poche parole. Aveva dimenticato la scadenza o era lei ad aver capito male? Doveva forse andare avanti per sempre con quel misero compenso?

Britta aspettava. Aspettava di ricevere uno stipendio normale. Ogni giorno che passava si sentiva sempre più insicura. Cosa sarebbe successo se si fosse rivolta direttamente al capo? Forse non era soddisfatto del suo lavoro e lei non aveva superato la prova? Ma perché non le davano lo stipendio pattuito?

## Fuori la voce!

Tre settimane dopo Britta era talmente in ansia da temere persino di rivolgere la parola al caporedattore. E questo per lei era alquanto insolito: in genere non aveva alcun problema a parlare con gli altri. Quando si doveva discutere dei suoi articoli o di questioni inerenti la professione era determinata, sicura del fatto suo e inflessibile. Ora, però, pur trattandosi di lavoro, la sicurezza in sé era veramente ai minimi storici.

*Rimuginare tra sé e sé mina la fiducia in se stessi.*

Infine, Britta raccontò la storia a una collega, che replicò subito sorpresa: "Cosa?! Ma sei pazza? Farti dare un compenso da fame come quello e poi, quando è finita la prova, non andare nemmeno dal capo? Io gli avrei chiesto già due mesi fa se avevo superato il tutto, e quando avrei cominciato a percepire un regolare stipendio. Cosa diavolo aspetti? Guarda che qui nessuno ti prepara la pappa pronta: te la devi cavare da sola. Devi parlargli assolutamente. Fallo subito!".

E, così dicendo, la collega spinse Britta verso l'ufficio del capo. Una volta davanti alla porta, lei si fece coraggio, respirò a fondo e infine entrò. Il capo era di fretta e le fece subito capire che non era il caso di accomodarsi. Lei, quindi, rimase in piedi e gli spiegò che i sei mesi del periodo di praticantato erano scaduti. Poi, balbettando un po', volle sapere se avesse superato la prova.

*Non aspettate che siano gli altri a venire da voi. Prendete l'iniziativa e chiedete per primi un colloquio.*

Il caporedattore fece una smorfia e replicò brusco: "Certo, altrimenti non sarebbe qui davanti a me".

Britta deglutì e aggiunse: "E per quanto riguarda il mio stipendio? Mi aveva detto che dopo il periodo di prova...".

Lui la interruppe: "Lo so cosa le ho detto. Ma perché viene qui a chiedermelo solo ora? La prova è terminata tre settimane fa".

Britta si sentì in imbarazzo e mormorò qualcosa riguardo un "troppo da fare...".

Lui, però, non mollò la presa: "Ha troppo da fare per occuparsi dei suoi soldi? O è tra quelli che vivono ancora da mamma e papà?". Dentro di sé Britta sentì montare la rabbia. Cercò una risposta adeguata, ma il caporedattore la precedette: "Okay, ha superato il periodo di prova e da ora percepirà un normale stipendio. Questo è tutto. Arrivederci".

E così dicendo pose fine al colloquio.

*Starsene zitti e tranquilli spesso non conviene.*

No, non era stato un bel colloquio, tuttavia Britta si sentì sollevare un peso dal cuore. L'imbarazzo e le insicurezze erano finalmente superati. Ottenne lo stipendio pattuito e un regolare impiego.

L'esperienza fu per lei alquanto istruttiva e le permise di capire quanto segue:

- senza chiedere ed esternare le proprie richieste non succede assolutamente niente;

- non prendere l'iniziativa e pretendere ciò che ci spetta ci fa rimanere a mani vuote;
- aspettare serve solo a creare insicurezza;
- osare farsi avanti e chiedere è l'unica cosa utile;
- rimanere zitti e tranquilli non garantisce nessuna ricompensa.

## Il dramma delle donne e degli uomini competenti

Per Britta questa esperienza fu una vera e propria lezione riguardo il desiderare, il chiedere e il pretendere. Grazie a essa poté evitare il dramma delle persone competenti, che consiste essenzialmente in questo: siete in gamba, sul lavoro date il cento per cento e... aspettate. Aspettate un riconoscimento, aspettate un avanzamento di carriera, aspettate un aumento di stipendio. Le persone competenti aspettano perché danno per scontato che "quelli lassù" si debbano per forza accorgere della loro efficienza. In realtà, però, non accade nulla. O meglio, qualcosa accade.

Mentre i competenti aspettano un riconoscimento o un avanzamento di carriera, sono gli altri ad approfittarne. Magari solo quelle persone con capacità limitate, ma in grado di dimostrarsi efficienti al massimo. Sono le persone che dicono chiaramente quello che vogliono e sono più che mai determinate a ottenerlo. Infatti ci riescono. Forse non sempre, ma di certo molto più spesso di quelli che se ne stanno solo ad aspettare. Quando questo accade, i competenti scuotono il capo e si lamentano per quanto è ingiusto il mondo.

*Acquisire competenza significa anche diventare un buon avvocato di se stessi.*

Se questo vi suona in qualche modo familiare, ponete fine al dramma. Acquisire competenza significa anche diventare un buon avvocato di se stessi e saper difendere i propri interessi. Anziché aspettare, chiedete quello che volete avere. Anziché essere arrabbiati o invidiosi degli altri, prendete coraggio e fatevi valere.

La prossima strategia di autoaffermazione che vi presento vi aiuta a formulare in modo chiaro e inequivocabile la vostra richiesta. Prima di chiedere qualcosa ad altri, però, è importante che abbiate ben presente cosa volete. Prendetevi quindi tutto il tempo necessario per fare chiarezza dentro di voi. Scoprite quello che desiderate e dite sì ai vostri desideri e bisogni.

### STRATEGIA DI AUTOAFFERMAZIONE: LA VOLONTÀ FERREA

1. **Scegliete il momento adatto**
   Vi serve un interlocutore sufficientemente attento e in grado di seguire il vostro discorso, per cui assicuratevi di poter parlare in tutta calma e senza rischiare di essere interrotti. Assumete il contegno fiero e regale e indossate lo scudo protettivo: vi aiuteranno a sentirvi più rilassati mentre parlate e a non prendere sul personale la reazione dell'altro.
2. **Esprimetevi in modo gentile e preciso**
   Dite brevemente e in modo esatto quello che volete. Utilizzate il "per favore", oppure dite: "Mi piacerebbe avere...", "Vorrei...", "Desidero...".
3. **Non troppe richieste in una volta sola**
   Anche se questa strategia vi piace molto, non sommergete l'altro con tutte le vostre richieste. Ricordate che non ha un registratore interno con il quale memorizzarle, per cui limitatevi a una, due richieste al massimo per ogni colloquio. Di più l'altro non sarebbe proprio in grado di reggerne, a livello "cerebrale".
4. **Mantenetevi positivi**
   Evitate tutto ciò che potrebbe indisporre l'altra persona nei vostri confronti, come lamentele, insulti o minacce. La negatività porta le persone a chiudersi a riccio e a mettersi sulla difensiva, per dimostrare: "A me così non ci si rivolge!". Il vostro interlocutore si sentirà più motivato a esaudire la vostra richiesta se la esprimerete in modo gentile, o almeno neutrale.

## I cinque ostacoli più frequenti nell'avanzare le richieste

*"Ho fatto presente il lavoro che c'era da sbrigare, ma il mio collega non lo ha fatto, e basta."*

*"Mio marito non fa mai quello che gli chiedo."*

*"Da mesi chiedo a mia figlia di dare una mano in casa, ma lei fa orecchie da mercante."*

Queste e altre simili lamentele mi vengono rivolte in ogni seminario. Quando sento che i partecipanti non riescono a veder esauditi desideri e richieste, divento curiosa. A quel punto inizia la parte del seminario che amo davvero tanto: è quella che io definisco la "messa in pratica nel quotidiano di una strategia di autoaffermazione". Sulla carta sembra tutto alquanto logico, ma come funziona nella vita vera? Come si applica nella pratica una strategia di questo tipo?

Mi faccio quindi raccontare nel dettaglio dai partecipanti come hanno proceduto esattamente e come ha reagito l'altro. Ogni volta riscontro errori e fraintendimenti tipici, nei quali tutti noi inciampiamo nelle situazioni di ogni giorno. Sono questi ostacoli a far sì che una richiesta non sia capita in maniera esatta o venga subito respinta. Vorrei presentarvi qui di seguito i cinque ostacoli principali e mostrarvi il modo per eliminarli.

## Come eliminare il primo ostacolo: non pretendete l'impossibile

Ci sono richieste che l'altro è in grado di esaudire solo con estrema difficoltà, o proprio per niente. Cosa dovrebbe fare, per esempio, il quindicenne al quale la madre a colazione ripete sempre: "Oh no! Ancora quella faccia! Non potresti presentarti con un'altra espressione, di prima mattina?". Come potrebbe esaudire il ragazzo una simile richiesta? Forse "svitando" il muso lungo e sostituendolo con una bella maschera sorridente? E soprattutto: esiste qualcuno (chirurghi plastici a parte) in grado di esaudire il desiderio di cambiare faccia? Ne dubito molto... anzi, penso proprio sia impossibile.

*L'altro può esaudire il vostro desiderio solo se rientra nelle sue possibilità.*

Capisco quella madre: vorrebbe che il figlio non si presentasse sempre immusonito a colazione. Chiedere una cosa del genere, però, secondo me serve a poco. Una richiesta, infatti, non basta a far sì che l'altro cambi umore. Al massimo può portarlo a fingere.

Altrettanto complesse sono le richieste del tipo: "Per favore, cambia carattere". Mi torna in mente una donna che si lamentava sempre con me per il fatto che il marito non volesse mai parlare, quando c'erano dei problemi. Se lei gli chiedeva di farlo, non serviva a niente. Quando la situazione si faceva tesa, lui dapprima si tirava indietro, mentre lei continuava a cercare di spingerlo a parlare. Lui si chiudeva a riccio e faceva ordine nella sua testa. Lei voleva risolvere il problema parlando. Nessuno dei due sbagliava: avevano semplicemente personalità differenti.

*Non cercate di cambiare la personalità dell'altro.*

Tutti noi abbiamo il nostro carattere, con determinate caratteristiche sviluppatesi fin dall'infanzia. Quello che abbiamo imparato allora si è radicato profondamente nella nostra personalità, e anche con tutta la buona volontà possibile è difficile da modificare. Le persone sono come sono e quasi nessuno riesce a cambiare radicalmente, pur volendolo.

Chiedendo quindi a qualcuno di essere diverso da come è, molto probabilmente non otterrete alcun risultato.

*Rivolgete la richiesta dove sapete che potrà essere esaudita.*

Altrettanto ardua è la situazione quando pretendete qualcosa che non esiste (in generale o nella situazione contingente). Può trattarsi di chiedere un aumento di stipendio in un'azienda sull'orlo del fallimento, o una camera in un hotel già al completo, o un paio di scarpe in panetteria. In linea di principio non è assolutamente sbagliato volere un paio di scarpe, una camera d'albergo o un aumento in busta paga. L'importante è che rivolgiate la richiesta dove sapete che potrà essere esaudita.

## Come evitare il secondo ostacolo: meglio poche frasi brevi di un profluvio di parole

Alcune persone danno un sacco di spiegazioni quando avanzano una richiesta. E a volte la spiegazione suona un po' come una giustificazione. Chi fornisce approfondite spiegazioni, però, in genere ha anche un'alta aspettativa, vale a dire: l'altro deve capirmi. Deve sapere come mi sento, cosa è successo e come il tutto è correlato. Se invece non mi capirà, non esaudirà nemmeno il mio desiderio.

Ma la comprensione non funziona in questo modo. Molte parole non producono automaticamente comprensione da parte dell'altro, nel corso di un dialogo. Al contrario, spesso servono solo a confonderlo: al termine di un discorso così lungo, può aver dimenticato quale fosse in realtà l'argomento di partenza.

*Molte parole spesso creano più confusione che comprensione.*

Al tutto si aggiunge anche un altro problema: alcune persone non sanno ascoltare. Riescono a concentrarsi solo per un tempo molto limitato. Purtroppo, però, non si ha modo di accorgersi di questo, perché in genere mantengono il contatto di sguardi e annuiscono con il capo. Ma questo inganna: in realtà con la mente sono da tutt'altra parte.

È importante, pertanto, essere stringati e arrivare subito al punto. Evitate di aggiungere lunghe spiegazioni alla vostra richiesta. Dite quello che volete e aspettate di sentire se l'altro ha eventuali domande in merito. Nel caso, anche a quelle fornirete risposte brevi e concise.

*Non siete obbligati a giustificare la vostra richiesta.*

Detto tra noi: non siete obbligati a giustificare la richiesta o a motivarla a tutti i costi. Volete qualcosa perché lo volete, e basta. È sufficiente questo come spiegazione. Aggiungere motivazioni equivale a un andare troppo incontro all'altro. Ricordate sempre, però, che siete voi – e voi soltanto – a poter giudicare se la vostra richiesta è giustificata, o meno.

## Come evitare il terzo ostacolo: non sminuitevi quando avanzate la richiesta

Ero solita dare per scontato che oggi nessuno (e soprattutto nessuna) si comporti più come un bambino per chiedere aiuto al prossimo. Mostrarsi piccoli o fare tanti salamelecchi per far sentire gli altri più forti e convincerli a prestarci aiuto era forse una tecnica in uso nel passato, ma ormai fuori moda nel nostro millennio. O almeno, così pensavo. Poi, invece, ebbi modo di assistere a una nuova dimostrazione di questo comportamento antiquato.

Con la porta dell'ufficio aperta, la donna era piegata sul telefono e digitava freneticamente sui tasti. Lui, l'uomo forte, nonché suo futuro salvatore, entrò nella stanza e la guardò aggrottando la fronte. Appena lei lo notò, assunse un'espressione lacrimevole.

Piagnucolò: "Sono davvero troppo stupida per questo nuovo telefono. Ho già provato migliaia di volte a inoltrare la chiamata, ma lui non ne vuole sapere. Mi sta facendo impazzire!". Imbronciata, diede con la mano uno schiaffetto all'apparecchio. L'uomo le venne in soccorso senza un attimo di esitazione e liberò la povera collega dalle grinfie di quel telefono cattivone.

*Con il modo in cui parlate di voi agli altri mostrate loro come possono trattarvi.*

"No, no! Non bisogna perdere subito la testa," la rassicurò lui, afferrando il ricevitore e premendo due tasti. "Basta fare così." E le mostrò i tasti corrispondenti.

A quel punto lei cominciò a parlare con una vocina dolce: "Ah... che bello! Prendo subito nota, per non dimenticarlo!".

Lui sorrise e, andandosene, le suggerì: "Se non si facesse quei riccioli così stretti, le entrerebbe qualcosa in più nella testa!".

Lei rise della battuta e replicò, con voce flautata: "Prima o poi imparerò a telefonare da sola".

"Oh, che peccato!" le gridò lui in risposta.

Dopo aver assistito a quella scena mi girai per individuare le telecamere nascoste. Ero convinta si trattasse di una gag televisiva e che nel giro di un attimo sarebbero balzati fuori gli operatori e avrebbero gridato "Sei su *Scherzi a parte*!".

Invece non accadde nulla. La signora iniziò a telefonare e il collega proseguì per il corridoio.

Orrore degli orrori: era tutto reale!

Pensai al mio lavoro. Magari un giorno avrei rivisto quella donna in uno dei miei seminari di autoaffermazione. E probabilmente si sarebbe lamentata del fatto che sul lavoro i colleghi (uomini) di tanto in tanto la prendono in giro. E che a livello professionale non riesce a far carriera perché in azienda non la ritengono all'altezza di certe mansioni. Problemi di immagine – ma aveva fatto tutto da sola!

Con il vostro modo di esprimervi indicate sempre anche il modo in cui volete essere trattati. Con frasi del tipo: "Sono troppo stupido per capire questa cosa" vi valutate negativamente. Vi dichiarate incapaci. E così facendo, create da soli l'immagine che date di voi.

*Non denigratevi quando vi rivolgete a qualcun altro per chiedere aiuto.*

Non c'è nulla di male nel far capire agli altri che al momento non vi riesce una certa cosa. Magari non riuscite a usare Internet, non sapete cambiare le candele dell'auto o non ce la fate a trasportare da soli l'armadio in cantina. Ciò non significa che siate scemi, ottusi o pappemolli. (Nel quinto capitolo scoprirete come smettere di minimizzare i vostri meriti.)

Nel box seguente vi elenco alcuni suggerimenti per riuscire a chiedere aiuto senza bisogno di sminuirvi.

Chiedere aiuto sentendosi sicuri di sé

- Assumete il contegno fiero e regale.
- Permettetevi di non saper fare qualcosa, o almeno non da soli. Non è un motivo valido per provare disagio o vergogna.
- Quando chiedete aiuto a qualcuno, limitatevi a descrivere i semplici fatti, aggiungendo con una breve frase la vostra richiesta, per esempio:
  - "Non riesco a far funzionare il telefono nuovo. Mi può dare una mano?".
  - "Non so cos'altro fare. Potresti dare tu un'occhiata e suggerirmi qualcosa?"
  - "Non ce la faccio a portare da sola tutte queste borse. Prendi qualcosa anche tu, per favore."
- Infine ringraziate l'altra persona per l'aiuto prestato.

Questo significa comunicare allo stesso livello, da adulti, senza sminuire se stessi né manipolare l'altro. Così facendo, manterrete la vostra dignità pur trovandovi in una situazione di impaccio.

## Come superare il quarto ostacolo: esprimete una richiesta in modo chiaro, anziché ricorrere a giri di parole

Volete sapere come nascono, in genere, gli equivoci? Nascono da sottili allusioni. Ricorrete a un'allusione e rischierete di essere fraintesi.

Immaginiamo che vi troviate in ufficio davanti a una fotocopiatrice che non fa quello che voi vorreste. Per fortuna, proprio in quel momento passa di lì un collega che di quella macchina si intende. Immaginate di rivolgervi a lui dicendo: "Oh, meno male che sei qui. La fotocopiatrice è di nuovo in sciopero".

Probabilmente a quel punto vi aspettereste che lui interpreti correttamente la vostra frase, ossia come una richiesta di aiuto. Lui, invece, si limita a un'alzata di spalle e commenta: "Rotta un'altra volta? Per fortuna che non ho bisogno di fotocopie!", per poi proseguire per la sua strada. Ci rimarreste male per la scarsa disponibilità dimostrata?

*In molti casi le allusioni non vengono capite.*

Ma è davvero il collega a essere stato poco disponibile? Oppure non ha semplicemente capito l'accenno a un bisogno di assistenza?

In realtà la frase "la fotocopiatrice è di nuovo in sciopero" è la semplice constatazione di un fatto. Nulla di più. Ed è esattamente questo che il collega dell'esempio ha capito: una semplice informazione sul fatto che la fotocopiatrice è di nuovo fuori uso. Non è riuscito a intuire quello che intendevate ottenere davvero con quella frase.

È proprio così che può nascere un conflitto: uno fa un'allusione, ma l'altro si limita a riferirsi a quanto effettivamente detto.

A quel punto entrambi si sentono fraintesi:

"Non fai mai quello che ti chiedo!".

"Non è assolutamente vero!"

"Invece sì! Ti ho chiesto aiuto con la fotocopiatrice che non funzionava, ma tu te ne sei semplicemente andato e mi hai piantata in asso!"

"No, non è così. Non mi hai detto che ti serviva aiuto!"

"Sì, che l'ho fatto."

"Macché! Ce le ho, le orecchie! Hai solo detto che la fotocopiatrice era rotta."

"Be', non l'ho certo detto tanto per dire! Pensavo mi aiutassi!"

"Ho forse detto che so leggere nei pensieri altrui? Come faccio a sapere quello che pensi tu?"

Sì, è così che accade quando ci si limita ad alludere. L'altra persona è libera di scegliere come interpretare quanto detto, e spesso sceglie l'interpretazione più elementare. Cerchiamo quindi di essere più chiari. L'indicazione verso un dato di fatto ("La fotocopiatrice è di nuovo in sciopero") non è ancora una richiesta. È solo una constatazione, un po' come "la Terra è rotonda" o "oggi è mercoledì". Nemmeno queste sono richieste.

*Più chiaramente esprimete una richiesta, maggiore è la possibilità che essa venga anche compresa.*

Potete ripetere migliaia di volte a una persona: "Il sacchetto della spazzatura è pieno", oppure: "L'erba del prato andrebbe tagliata", o ancora: "Oh no, il mio computer è di nuovo in tilt!", senza che accada niente. Sono tutte semplici constatazioni, non richieste.

Un piccolo quiz vi può aiutare a capire in quanti modi diversi si possa intendere un'allusione. Qui di seguito vi presenterò ogni volta una frase e voi potrete scegliere fra tre possibili interpretazioni della stessa. Dovete indovinare cosa intendeva davvero dire la persona.

*"Santo cielo, quanto guidi veloce! Stai andando a quasi 120 km orari su una provinciale!"*

In realtà vorrebbe significare...

1. Ammiro la tua capacità di guida. Accidenti, come sfrecci su questa provinciale!... Davvero eccezionale!
2. Non ho mai guidato così forte, io. Per me è un'esperienza del tutto nuova.
3. Stai andando un po' troppo veloce per i miei gusti. Rallenta, per favore.

*"Di' un po': ti sono forse cadute le braccia o c'è un altro motivo per cui hai lasciato il tuo zaino qui sulle scale?"*

Cosa significa questa frase?

1. Sono preoccupata per la tua salute. Forse hai qualche problema alle braccia ed è meglio consultare un medico?
2. Il tuo zaino lo ritrovo ogni volta nei posti più impensati. Mi chiedo quale ne sia il motivo. Quali saranno le cause di questo misterioso fenomeno? Forse non hai sufficiente forza nelle braccia per metterlo al suo posto?
3. Per favore, metti il tuo zaino al suo posto.

*"Uff... qui c'è aria viziata, ma le finestre sono tutte chiuse."*
Cosa ci vogliono dire con questa frase?

1. Incredibile come faccia in fretta a esaurirsi l'ossigeno di una stanza e l'aria a farsi soffocante!
2. Certo che queste finestre hanno davvero una tenuta stagna: non lasciano entrare nemmeno un filo d'aria. E nella stanza basta poco perché cambi la temperatura.
3. Potreste aprire una finestra, per favore, e far entrare un po' di aria fresca?

*"Sono stufo! Devi proprio interrompermi ogni volta?"*
Cosa significa questa affermazione?

1. Sto cercando di capire se mi interrompi sempre spinto da un impulso incontrollato o se lo fai di proposito.
2. Al momento non sono particolarmente di buon umore e faccio fatica a sopportare le tue continue interruzioni, ma spero di diventare più tollerante con il tempo.
3. Non interrompermi, per favore.

Se siete abituati a preferire velate allusioni a richieste esplicite, probabilmente avrete scelto sempre l'ultima delle opzioni. Riuscite a decifrare l'appello nascosto nelle affermazioni e capite cosa si vuole che venga fatto. Questa, però, è solo una delle tante possibilità di interpretazione di quelle frasi.

Quando a essere in gioco sono i vostri desideri, lasciate perdere gli indovinelli, perché finché il vostro interlocutore avrà la libera scelta tra più interpretazioni, voi rischiate di non assistere ad alcuna reazione da parte sua. Pertanto: evitate che fraintenda le vostre parole.

Qui ci sono due suggerimenti che vi saranno di aiuto per esprimere in maniera inequivocabile richieste e desideri.

**ESPRIMERE LE PROPRIE RICHIESTE IN MODO INEQUIVOCABILE**

- Dite in poche parole e con semplicità cosa volete dall'altra persona. Mantenete un tono cordiale, o per lo meno neutro, del tipo:

  "Per favori, puoi...?".

  "Vorrei che facessi così."

  "Vorrei queste cose..."

  "Per favore, mi piacerebbe che lei..."

  "Potresti, per cortesia...?"
- Quando fate presente una situazione e desiderate che l'altra persona faccia una determinata cosa, diteglielo anche apertamente, meglio se utilizzando solo due semplici frasi. Prima il dato di fatto e subito dopo la relativa richiesta. Per esempio:

  "Questa minestra è fredda. Potrebbe portarmene un'altra?".

  "La pattumiera è piena. Svuotala, per favore, quando esci."

  "Non so cosa possa essere, ma il motore dell'auto fa uno strano rumore. Potrebbe gentilmente dare un'occhiata?"

## Come evitare il quinto ostacolo: esprimete in modo intelligente la vostra irritazione

La gentilezza è una sorta di lubrificante delle relazioni interpersonali. Ci permette di relazionarci all'altro evitando attriti. Una richiesta avanzata in tono gentile ("Per favore, mi lascerebbe passare?") predispone ad accoglierla, mentre un ordine brusco ("Si decide a farmi passare, o no?") provoca nell'altro una certa resistenza. Quando la gentilezza viene meno, il rifiuto è alquanto frequente. E fin qui siamo tutti d'accordo. Nella vita di tutti giorni, tuttavia, non è sempre così facile essere sempre e solo gentili, soprattutto quando siamo nervosi o ce l'abbiamo con qualcuno.

*Una richiesta espressa in modo gentile ha maggiori probabilità di essere esaudita.*

Prendiamo per esempio una coppia al ristorante. Lui e lei siedono a un tavolo e attendono di essere serviti. Lei si accende una sigaretta. Lui reagisce subito stizzito: "Certo che non ti importa proprio niente! Sai bene che non sopporto il fumo, e tu ti accendi una sigaretta dopo l'altra. Sei davvero una maleducata!". (Detto tra noi esperti: leggete forse una richiesta tra le righe?)

Come reagirà la fumatrice? Si scuserà da brava e spegnerà subito la sigaretta? Hmm... piuttosto difficile dopo una sfuriata del genere da parte dell'altro. Molto più probabilmente risponderà a quell'attacco con un contrattacco, del tipo: "Ma che vuoi? Devono fare tutti quello che dici tu? Con quel tono ti rivolgi al tuo cane, non a me!". Ed ecco che già stanno litigando, pur non volendolo. In un clima di scontro di questo tipo, nessuno viene incontro all'altro e nessuno è disposto a cedere. E nemmeno le richieste vengono più esaudite.

*Dietro ogni lamentela si nasconde una richiesta non espressa.*

Una convinzione diffusa, per quanto sbagliata, riguardo l'autoaffermazione è: "Per farmi valere devo lottare e a volte anche alzare la voce". Un ragionamento del genere può andare bene per un bambino di tre anni, ma da adulti non dà certo una bella impressione.

*Più attaccate il vostro interlocutore, minori sono le probabilità che soddisfi le vostre richieste.*

Se brontolate o ricorrete ai rimproveri o agli insulti, l'altro probabilmente tenderà a chiudersi in se stesso. Sentendosi attaccato, si rifiuterà di venirvi incontro. Questo chiudersi di fronte all'altro può assumere diverse forme. L'interlocutore, per esempio:

- smetterà di prestarvi ascolto;
- si metterà subito sulla difensiva;

- ribatterà con una battuta stupida;
- minimizzerà la cosa;
- vi accuserà della situazione;
- porrà fine al dialogo.

Naturalmente non tutti reagiscono in questo modo quando si sentono rivolgere rimproveri e insulti. Ci sono anche eccezioni, come gli psicoterapeuti o i maestri zen. Queste persone, evidentemente, sono in grado di sopportare la rabbia dell'altro senza sentirsi subito spinti ad abbassare le saracinesche. Forse. Il resto dell'umanità, però, sentendosi attaccata reagisce in maniera prevedibile, ossia con un bel "no" categorico.

Cosa potete fare, quindi, quando siete arrabbiati ma volete che qualcosa cambi? Prima di tutto è importante riconoscere la propria irritazione. È del tutto naturale che vi sentiate così. Come passo successivo tenete presente ciò che per voi ha la priorità. Volete sfogare la stizza e dare voce a tutte le vostre lamentele, o piuttosto assistere a un cambiamento e veder esaudita la vostra richiesta?

*Ogni emozione che provate – anche l'irritazione – ha ragione di essere.*

In questo secondo caso, procedete in modo strategico. Trattenete l'irritazione e chiarite in modo distaccato e oggettivo quello che volete.

RECLAMARE SENZA ATTACCARE L'ALTRO

- Rivolgetevi al vostro interlocutore senza incolparlo, evitando toni bruschi e parole offensive. In genere ci si riesce meglio dopo essersi calmati un po'. Fate innanzitutto chiarezza in voi stessi e capite bene cosa volete, prima di parlare. Prima pensare, poi agire.
- Concentratevi su cosa chiedere all'altro. Cosa volete che faccia? Evitate prediche o lunghe e noiose ramanzine. Esprimete la vostra richiesta in modo chiaro e inequivocabile, usando un tono gentile.

- Prestate ascolto alla risposta dell'altro. Ricordate che ha il diritto di rispondere sì o no alla vostra richiesta e di rifletterci sopra con calma, prima di farlo.
- Quando avanzate dei reclami in ambito commerciale, evitate di imprecare contro l'intero grande magazzino, ristorante, hotel e via dicendo. Molti dipendenti si identificano con la realtà per cui lavorano e, se la attaccate, probabilmente loro non saranno bendisposti nei confronti della vostra richiesta.
- Siate pronti a ripetere con calma la richiesta qualora non venisse subito capita.

E se invece volete entrambe le cose? Se da una parte desiderate sfogare tutta l'irritazione, ma dall'altra anche vedere esaudita la vostra richiesta? Be', in questo caso vi trovate di fronte alla quadratura del cerchio. Ma anche questo è possibile: bastano un po' di disciplina e di abilità.

Non date semplicemente sfogo a nervosismo e frustrazione, ma esprimete le emozioni in modo da non provocare resistenza e rifiuto da parte dell'altro. Il mezzo migliore per riuscirci è il messaggio in prima persona. Parlate di voi e di come vi sentite, anziché accusare l'altro di esserne responsabile.

*Non attribuite all'altro la colpa della vostra irritazione. Nessuno ha il potere di irritarvi. Lo fate voi da soli.*

Parlando in prima persona, fate capire come vi sentite senza bisogno di ricorrere a osservazioni offensive o di attaccare l'altro. Dite, per esempio: "Sono deluso", piuttosto che: "Mi hai deluso". Oppure: "Questa cosa mi ha davvero dato sui nervi, e sono ancora arrabbiato. Vorrei, per piacere, che tu...", e non: "Mi fai davvero infuriare con tutto quello che combini!".

Il messaggio in prima persona impedisce l'attacco – premesso, ovviamente, che evitiate dichiarazioni del tipo: "Ti considero un vero idiota". Anche qui siamo di fronte a una formulazione in prima persona, ma il termine "idiota" è sicuramente un attacco verso l'altro.

Riassumere le proprie emozioni in un messaggio in prima persona richiede una certa disciplina linguistica. Anziché sparare fuori subito tutto, fate una breve pausa e riflettete su come vi sentite. Poi cercate di capire qual è il modo migliore per tradurre il vostro stato d'animo in parole.

*Parlate delle vostre emozioni e dei vostri desideri, anziché accusare l'altro.*

All'inizio questo modo di esprimervi vi risulterà forse un po' insolito, ma dopo averci provato qualche volta riuscirà subito più naturale. Vi accorgerete che è molto più efficace delle lamentele e delle offese. Un messaggio in prima persona vi permette di dimostrare all'altro come vi sentite senza bisogno di attaccarlo. Così facendo, aumentate le vostre possibilità di trovare ascolto da parte sua. L'importante è che facciate subito seguire il messaggio da una richiesta concreta, perché solo così l'altro avrà modo di capire come desiderate che cambi la situazione.

## Domande frequenti sulla strategia di autoaffermazione "la volontà ferrea"

*"In linea di principio trovo giusto dare voce alle personali richieste. Ma si deve proprio esprimere sempre tutto? A volte ci si capisce anche senza bisogno di parole."*

Sì, è vero. Le persone che lavorano o vivono insieme da diverso tempo sono sulla stessa lunghezza d'onda. Con il tempo si impara che l'altro la mattina fa fatica ad alzarsi e che a colazione preferisce il tè al caffè. Si conoscono le abitudini delle persone che si hanno intorno.

Ma c'è un "ma". Nel corso dei miei seminari mi capita spesso di sentire commenti di persone deluse. "Ormai lavoriamo insieme da tempo. Dovrebbe aver capito che non sopporto quella cosa!" Oppure: "Sono dieci anni che siamo sposati: dovrebbe conoscere le mie esigenze!". Ogni volta che sento affermazioni di questo tipo so che qualcuno è vittima delle proprie aspettative non espresse.

*Ricordate sempre a chi vi è vicino le vostre richieste, anche se ormai le conosce da tempo.*

"Dovrebbe sapere quello di cui ho bisogno!" Questa convinzione è alquanto pericolosa. Dietro si nasconde l'illusione che dopo tanto tempo ci si conosca ormai così bene da poter leggere i pensieri nella mente dell'altro e riconoscere automaticamente quello che vuole e di cui ha bisogno. In realtà accade qualcosa di completamente diverso. Con il passare del tempo le persone cambiano. E cambiano anche le relazioni.

Né io né voi siamo le stesse persone che eravamo dieci anni fa. E nemmeno le stesse della settimana scorsa. Impariamo e ci evolviamo di continuo. Quello che ieri era per voi importante, oggi potrebbe esservi del tutto indifferente. Quello che stamattina non vi interessava affatto, stasera potrebbe attirare tutta la vostra attenzione. Formuliamo continuamente nuove idee e pensieri diversi.

*La maggior parte delle relazioni non termina a causa dei litigi, ma dei silenzi.*

Credendo di conoscere bene l'altro, illudiamo noi stessi. Ci riferiamo a un'immagine dell'altro che conosciamo da prima, per esempio a come era cinque anni fa o una settimana fa. O stamattina. In qualunque caso, a un'immagine vecchia.

Abbiamo bisogno del continuo scambio. Finché parliamo tra noi, ci ripresentiamo ogni volta nuovi. Facciamo capire come stiamo ora, cosa desideriamo e cosa non vogliamo – ogni volta da capo.

*"Sul mio vecchio posto di lavoro si litigava spesso. Ora lavoro in un'altra ditta. Devo chiarire subito le mie richieste o è meglio aspettare un po'?"*

Forse è meglio evitare di avanzare tutte le vostre esigenze i primi dieci minuti del primo giorno di lavoro! A mano a mano che ci si inserirà, comunque, sarà bene farsi conoscere. Si tratta di trovare la via di mezzo tra il saper adeguarsi e il saper farsi rispettare. Imparerete le abitudini dell'azienda, per esempio se la mattina ci si saluta con una stretta di mano o semplicemente con un "ciao!". E capirete quello che i colleghi si aspettano da voi. Da parte vostra, però, fate anche capire loro di che pasta siete fatti, cosa desiderate e quali sono le vostre preferenze e le cose che invece non sopportate.

Ogni desiderio che esprimete costruisce la base per una migliore comprensione. Così facendo, non apparirete un libro chiuso, ma una persona con la quale si sa con chi si ha a che fare. Fatelo con il ritmo che ritenete più adeguato.

*"Cosa faccio se gli altri mi dicono che con tutte le mie richieste e i miei desideri sono solo un egoista?"*

Per me egoista non ha un significato negativo. Essere egoisti significa solo saper soddisfare adeguatamente le proprie esigenze. Pensando alla propria persona, ci si assume la responsabilità di se stessi e non ci si aspetta che lo faccia qualcun altro. Vi occupate dei vostri interessi e bisogni, e questo è un comportamento saggio e maturo.

*Non permettete che il termine "egoista" faccia nascere in voi sensi di colpa.*

Solo prendendovi bene cura di voi stessi potete occuparvi anche degli altri. Finché siete in una buona disposizione d'animo, potete attingere dal tutto e donare al prossimo, per cui prendetevi egoisticamente ciò che vi fa stare bene. Viziatevi, trattatevi come se foste la cosa più preziosa che avete nella vita. In breve: coccolatevi. Così facendo attingerete energia che potrà poi tornare a beneficio del prossimo. Chi soddisfa le proprie esigenze e si tratta bene, si prende cura contemporaneamente anche degli altri. Permettete anche a tutti coloro che vi sono accanto di avere cura di sé al meglio.

E quelli che considerano negativamente questo modo di fare? In genere si tratta di persone che cercano di manipolarvi facendovi sentire la coscienza sporca, oppure di individui portati all'autosacrificio, che tendono a esaurirsi per aiutare il prossimo. Le persone di questo tipo sono spesso invidiose quando vedono che qualcuno non si fa mancare niente.

Ma proviamo a chiederci: cosa ci interessa di quello che pensano gli altri? Se qualcuno vi considera egoista, non è affar vostro. Si tratta dell'opinione di un'altra persona e, in linea di principio, a voi non riguarda. Non avete alcun bisogno di combatterla, né di perdere tempo a discuterne. In fondo la vostra vita non è una sfilata di fronte ai giudici di un concorso: non siete al mondo per essere giudicati. Se qualcuno lo fa, è un problema suo ed è bene lasciare che se ne occupi lui. Ognuno è libero di pensare quello che vuole, e voi di fare ciò che ritenete giusto. Lo scudo protettivo e il contegno fiero e regale vi aiuteranno in tal senso (vedi il primo capitolo). E se qualcuno vi dà dell'egoista, potete rispondergli tranquillamente: "Sì, grazie tante! È vero, io mi prendo davvero cura di me stesso. Mi fa piacere che se ne sia accorto!".

*Non rendetevi dipendenti dal giudizio altrui.*

## La semplice strada verso il miglioramento

Cosa fate in genere: osate chiedere quello che desiderate? Io stessa in passato tendevo a non riflettere molto su quello che volevo davvero. Non mi veniva nemmeno in mente di chiedere quello che mi faceva stare bene e di cui avevo bisogno. Sono stati gli altri a dimostrarmi che una semplice richiesta può rendere la vita molto più gradevole.

Ricordo un episodio breve, ma significativo, al quale assistetti nella reception di un albergo. Lì il giorno seguente si sarebbe tenuto un corso di perfezionamento al quale avrei preso parte. Ero davanti al bancone per effettuare il check in, quando dall'ascensore si precipitò fuori una signora con la valigia e mi si mise accanto. "Mi scusi," mi disse sorridendo. "Posso passarle davanti un attimo?" Io acconsentii e mi feci leggermente da parte. Lei mi ringraziò e poi si rivolse al ragazzo della reception. Mise una chiave sul banco. "Mi avete appena assegnato questa camera, ma dà sulla strada ed è un po' rumorosa. Potreste gentilmente darmene una rivolta verso il parco? Sa, sono molto sensibile ai rumori." E così ottenne una camera più tranquilla.

Con la nuova chiave in mano si fermò un istante e aggiunse: "Mi scusi, ancora un favore. Ho visto che sui letti avete quei grandi cuscini di piume. Non ne avete per caso anche di più piccoli e rigidi, tipo quelli per la cervicale?". Il ragazzo le rispose: "Sì, guardo se ne trovo ancora uno e glielo porto in camera. Desidera altro?". "No, grazie mille," rispose la signora raggiante. "Per il momento è tutto." E risalì con la valigia in ascensore.

*Con ogni richiesta che esprimete date all'altro la possibilità di venirvi incontro.*

Come ebbi modo di constatare più tardi, anche lei partecipava al seminario. Mi fu di ispirazione. Anch'io chiesi al receptionist una camera tranquilla rivolta verso il parco e un cuscino rigido. Ottenni entrambi.

Il mattino seguente incontrai la signora nella sala colazione e scambiammo quattro chiacchiere. Anche lei, come me, beveva tè. Il suo, però, aveva un aspetto diverso. "È tè verde giapponese," mi spiegò. "Mi piace tantissimo."

"Se lo è portato da casa?" mi informai io. "Qui al buffet non ho visto tè verde, solo nero."

Lei rispose: "Oh, ne hanno anche di verde. Basta chiederlo".

A essere sincera, rimasi colpita. Questa signora chiedeva tutto ciò che voleva. E lo faceva con un'incredibile disinvoltura e una gentilezza spontanea. Senza di lei non mi sarei mai immaginata di farmi dare una camera silenziosa o un'altra varietà di tè. Mi sarei accontentata di quello che mi avrebbero dato. Certo, non sarebbe stato un dramma, ma non era certo il massimo.

*Le richieste da parte vostra non sono un fastidio, ma un segnale di fiducia in voi stessi.*

Quella signora mi fece capire che non ci vuole molto a ottenere qualcosa di meglio. E senza bisogno di lottare, ma semplicemente chiedendolo.

## Inibizioni e altri freni

Forse non ci capiterà sempre di veder esauditi i nostri desideri in modo così immediato come in quel bell'hotel, ma niente ci impedisce di provarci. In fondo, chi osa vince.

Perché allora non ci facciamo coraggio e non chiediamo sempre e ovunque ciò che ci piacerebbe avere? Cos'è che ci impedisce di formulare tutta una serie di richieste? Quanto tendiamo a frenarci e a reprimere i desideri, anziché chiederci curiosi cosa succederebbe se ci mostrassimo più espliciti? A quanto pare, sappiamo già in anticipo come potrebbe andare a finire. Prima ancora di formulare il desiderio diciamo a noi stessi: "Ma no, non servirà a niente. Posso anche lasciar perdere". Ci creiamo da soli delle inibizioni.

*Pensando a priori: "Non funzionerà", bloccate voi stessi.*

Occupandomi di comunicazione, trovo molto interessante questo genere di atteggiamento inibitorio. Qui, infatti, inizia la parte del mio lavoro che va oltre la semplice spiegazione delle strategie proposte. Mi sono occupata a lungo dei blocchi che ci impediscono di rivolgere all'altro senza problemi le richieste. Cos'è, quindi, che ci vieta di tradurre i nostri desideri in parole e di esprimerli apertamente?

## La paura del no

*"Cosa fare se la richiesta viene rifiutata e ci si sente rispondere no? Io in quelle situazioni mi sento un perdente, uno sciocco."*

Mi sento spesso rivolgere domande come questa nel corso dei seminari. Molti preferiscono non chiedere, non esternare alcuna richiesta per evitare di sentirsi rispondere no. "Non dire niente e sarai certo di non fare brutta figura," ci sussurra la paura all'orecchio. E questa paura ci frena.

È vero: si corre un certo rischio, perché chi chiede qualcosa può anche incassare un no. Non si ha mai la garanzia che le nostre richieste siano soddisfatte. Naturalmente c'è anche la possibilità di sentirsi rispondere sì, ma non è una certezza. E in questa insicurezza si fa largo la paura.

*Un no non è una sconfitta, ma solo una risposta.*

Per accettare serenamente un no vi servono due cose. Prima di tutto un atteggiamento rilassato nei confronti del rifiuto, una disposizione interiore che vi permetta di accettare un no per quello che è, vale a dire la risposta a una richiesta – solo una risposta, niente di più e niente di meno. Se considerate il no nella sua essenza, vi apparirà meno drammatico e meno problematico da affrontare.

*A volte un no è solo una tappa nel corso del dialogo.*

In secondo luogo avete bisogno di stratagemmi retorici che vi permettano di ricavare da un rifiuto anche qualche vantaggio. Un no, infatti, a volte non è l'ultima parola, ma solo una tappa nel corso di un dialogo. Molte persone rispondono subito con un no, quando si sentono rivolgere una richiesta. Se voi reagite con una certa flessibilità, potrete andare oltre e riuscire a condurre una trattativa vantaggiosa.

## L'arte di accettare un no senza problemi

Spero davvero che questa seconda strategia di autoaffermazione vi incoraggi a raddoppiare o a triplicare il numero delle richieste da voi avanzate. Fate una prova, come se si trattasse di un esperimento, una ricerca che svolgete su voi stessi.

Se osate formulare più spesso richieste, vedrete che farete due esperienze: da una parte vi accorgerete che alcune vengono esaudite senza alcun problema; dall'altra, di tanto in tanto vi sentirete anche rispondere no. Alcune delle cose che chiedete vi verranno rifiutate. Questo no, però, non rappresenta né una catastrofe, né una vergogna. Non significa né che avete fatto qualcosa di sbagliato, né che chi vi sta di fronte è cattivo o meschino. Significa solo che per il momento la vostra richiesta è fuori questione.

*Conviene sempre esprimere una richiesta, anche quando la risposta è no.*

Un no vi fa capire che la vostra richiesta non può essere esaudita nel qui e ora. Più tardi, però, la situazione potrebbe cambiare – magari dopo che avrete insistito un po' (ulteriori approfondimenti sul tema "insistenza" nel quarto capitolo), oppure dopo esservi rivolti altrove. Un no equivale semplicemente a un "non qui e non ora", non a un "mai e poi mai". Un no può voler dire: prova qualcos'altro. Sii creativo e fatti venire in mente un'altra idea.

Se l'altro vi risponde no, si riferisce alla vostra richiesta. A essere rifiutato è quello che volete, non la vostra persona. La vostra richiesta è a posto, e anche voi siete a posto, ma il vostro interlocutore decide in base alla situazione in cui si trova, e questo dipende solo da lui. Qualunque decisione prenda, riguarda solo lui, non voi. Lo scudo protettivo vi aiuta a non prendere un no sul personale.

## Come sfruttare un no a proprio vantaggio

"Ma cosa faccio, concretamente, dopo che qualcuno mi ha risposto no?" mi chiese una partecipante a un seminario. "In un negozio elegante ho trovato un cappotto stupendo. Mi stava benissimo ed era proprio della mia taglia. L'unica cosa che non andava bene era il prezzo. Così mi sono fatta coraggio e ho chiesto alla commessa se potevo avere uno sconto, ma lei mi ha risposto subito no. Cosa faccio dopo una risposta simile?" Questa è una buona domanda. Una richiesta rifiutata, infatti, non è automaticamente la conclusione di un dialogo.

Ho riassunto qui per voi una strategia che vi sarà d'aiuto a proseguire dopo aver ricevuto un no e riuscire comunque a ottenere qualcosa. Leggendola, tenete presente che nella vita quotidiana potete sperimentare svariate soluzioni. Dopo esservi sentiti rispondere no, provate a vedere come vi riesce più facile proseguire la trattativa.

### Strategia di autoaffermazione: riuscire a ottenere qualcosa anche dopo un no

1. **Chiedete i motivi del no**
   Non sempre potete dedurre dalle circostanze esterne il motivo per cui l'interlocutore ha rifiutato la richiesta. Spesso il no non viene giustificato in modo concreto, vi sentite solo ribadire che "non è possibile". Chiedete perché non è possibile. Conoscere le motivazioni alla base del rifiuto è già utile per trovare una soluzione alternativa.
   Non vi fanno nessuno sconto per quel cappotto che vi piace tanto? Perché no? Perché la commessa non può concedere sconti. Perché no? Perché su questo decide la proprietaria del negozio. Bene: a quel punto pregate la commessa di chiedere uno sconto alla proprietaria. È così che si mettono in moto le cose. E non è detto che alla fine non riusciate a guadagnarci anche qualcosa.
2. **Chiedete all'altro consigli e possibili soluzioni**
   Il vostro interlocutore vi risponde no. Può essere, però, che proprio lui abbia a disposizione esperienze e conoscenze che vi potrebbero essere d'aiuto. Cercate di avervi accesso. Ponendo domande mirate, potete indurlo a parlare e strappargli consigli preziosi. Esponete il vostro problema e chiedetegli cosa farebbe lui al posto vostro. Per esempio:
   - "Cosa farebbe lei, ora, se fosse al mio posto?".
   - "Lei cosa mi consiglia di fare per riuscire nel mio intento?"
   - "Cosa dovrei fare, secondo lei, per ottenerlo?"
3. **Prestate attentamente ascolto al vostro interlocutore**
   A volte una soluzione si presenta in maniera inaspettata. Conviene, pertanto, porre domande e assorbire come una spugna le risposte. Se prestate attentamente ascolto, magari l'altro si sente incoraggiato a rivelarvi informazioni ed esperienze personali che potrebbero fornirvi consigli utili. In ogni caso, ringraziatelo per la disponibilità, una volta terminato il dialogo.

**4. Cominciate a trattare**
Che ne dite di modificare un po' la vostra richiesta? Per esempio ridimensionandola o dimezzandola. Oppure chiedendo una cosa completamente diversa. Immaginiamo di essere riuscite a ottenere lo sconto per il cappotto, ma non per i pantaloni. Provate a trattare: dite che pagherete il prezzo intero dei pantaloni se vi lasceranno la sciarpa in omaggio. Ampliate la gamma delle vostre richieste e siate flessibili.

Con il tempo imparerete che un no non fa male. La prova di coraggio consiste nell'esternare la richiesta e chiedere quello che volete. Già questo è un grande traguardo, indipendentemente da come si concluderà la trattativa. Ovvio: un sì sarebbe meglio, ma anche un no non sarà sufficiente a sconvolgervi. Tante richieste e tante risposte. A volte sì, a volte no. In ogni caso, voi ci avete provato – è questo l'importante. Vi stupirete di tutto quello che riuscirete a ottenere una volta superato il timore di sentirvi dire no.

Nel capitolo che segue vi presenterò la terza strategia di autoaffermazione, che riguarda ancora i no, ma in una diversa direzione. Si tratta di imparare a stabilire limiti, di dire no agli altri. E in questo come ve la cavate? Siete bravi a dire no?

Capitolo 3

# La terza strategia di autoaffermazione: il "no" gentile

Forse la situazione vi suona familiare: in realtà volevate dire no, non avevate assolutamente intenzione di accettare la cosa e di farvene carico. Poi, invece, è accaduto: vi siete lasciati convincere e avete detto sì. Vi è semplicemente uscito di bocca: "Okay, lo faccio". Oppure: "Va bene, ci sto". Poi ve la siete presa prima di tutto con voi stessi. Perché diavolo non avete detto no?!

## No: una parola difficile da pronunciare

Riuscite a stabilire un confine netto tra voi e le richieste o le aspettative altrui? Se di tanto in tanto questo vi crea difficoltà... be', benvenuti nel club! Riuscire a dire no e stabilire un confine netto tra sé e gli altri rientra già nella raffinata arte di far valere se stessi.

Quando nei miei seminari stilo una lista della situazioni nelle quali i partecipanti incontrano più spesso difficoltà, il dire no è sempre ai primi posti. E se chiedete anche a me: "Signora Berckhan, dov'è che la sua capacità di autoaffermazione vacilla un po'? Cos'è che le crea problemi?", vi rispondo tranquillamente: "Dire no!".

*Il no da parte vostra vi evita di sprecare tempo ed energie.*

Pur occupandomi di autoaffermazione da oltre dodici anni, anch'io nella vita di tutti i giorni ogni tanto non so dire no. Non più così spesso come un tempo, ma molte volte mi rendo conto di aver risposto sì troppo presto. Oppure di aver permesso che qualcuno si immischiasse nei miei affari. O di aver taciuto, pur non essendo affatto d'accordo con quanto era successo.

È un errore credere di poter smettere, a un certo punto, di imparare a farsi valere e di sentirsi sicuri ormai per sempre. Ci evolviamo e apprendiamo lungo tutto il corso della vita. In fondo sono sempre gli stessi argomenti a crearci problemi: andare a convivere per la prima volta, diventare genitori, cambiare posto di lavoro o aprire una società in proprio. Ogni volta è fondamentale dimostrarsi sicuri di sé e osare chiedere, stabilire confini chiari tra sé e gli altri, saper dire no, dimostrarsi caparbi e confidare in se stessi. Sono tutte capacità che ci richiedono impegno quando abbiamo quindici anni, ottanta e oltre. A imparare ad affermare se stessi non si smette mai: è parte fondamentale della nostra comunicazione con l'altro.

> *Imparare a farsi valere è un processo che non ha mai fine, ma dura una vita intera.*

Come con tutte le altre strategie di autoaffermazione presentate in questo manuale, anche con questa voglio dimostrarvi come sia possibile farsi valere in modo educato e gentile. Si tratta di imparare a dire no senza offendere nessuno. Allo stesso tempo, è anche importante che il vostro no sia espresso in modo chiaro e inequivocabile. E che vi comportiate anche di conseguenza.

La terza strategia di autoaffermazione, il no gentile, vi permette di:

- ribellarvi a chi tenta di sfruttarvi;
- dire agli altri quello che non vi piace;
- impedire che gli altri si immischino nelle vostre questioni private;
- impedire *a voi* di immischiarvi nelle questioni private altrui;
- non accettare di essere trattati in maniera scorretta o offensiva.

## Smettere di fare gli schiavetti altrui

Non riuscire ad adottare la giusta distanza dall'altro e a dire no quando si deve comporta una serie di conseguenze. Senza un no deciso siamo come una palla da biliardo tirata da altri. Ci sentiamo costretti a soddisfare aspettative e obblighi, a funzionare sempre su comando altrui.

Ho stilato una lista dei fattori che vi permettono di capire se non ponete alcuna distanza tra voi e il prossimo. Leggetela e controllate se uno o più punti rispecchiano la vostra situazione. Nel farlo, forse riconoscerete anche lo schema grazie al quale si riesce sempre a strapparvi un sì.

### Cosa succede quando non si pongono confini netti tra sé e l'altro

**Siete sempre voi quello che risolve la situazione**
Non riuscite proprio a stare a guardare, quando qualcosa va storto. Chi meglio di voi potrebbe risolvere quel problema? Nessuno, naturalmente! Siete sempre voi a salvare la situazione, prima che precipiti del tutto. Così facendo, vi trasformate in schiavetti sempre pronti a scattare. Nessuna meraviglia, quindi, che chiunque abbia qualche faccenda da risolvere si rivolga a voi. Chi vi sta intorno, infatti, capisce in un lampo a chi scaricare la patata bollente. È come se foste una sorta di magnete per tutti gli inetti e gli incapaci, come se indossaste una maglietta con la scritta: "Rivolgetevi pure a me, so io come fare!".

**Nessuno ha riguardo nei vostri confronti**
Alcune (forse quasi tutte) le persone che vi circondano vi appaiono piuttosto insensibili e noncuranti. Per fare un esempio, lasciano le loro cose qua e là per la casa dando per scontato che sarete voi a sistemarle, oppure riversano su di voi tutti i loro problemi, raccontandovi le personali disgrazie per ore e ore, senza nemmeno accorgersi che siete stufi di ascoltarli.

Continuano a regalarvi tulipani, quando sono gli unici fiori che non sopportate. Se anche voi avete la sensazione che gli altri abbiano troppo poco riguardo nei vostri confronti, il motivo può essere molto semplice: quelle persone non sanno cos'è che non gradite. Dite no troppo di rado. Non stabilite confini chiari tra voi e il prossimo. Ricordate che rivolgere gli occhi al cielo e brontolare un po' non basta.

**Tutti si immischiano nei vostri fatti privati**

Vi sentite dire in continuazione cosa dovete e cosa non dovete fare. Alcune persone non vedono l'ora di impartirvi consigli o mettervi in guardia da qualcosa – in genere sono conoscenti che si immischiano nei vostri affari. Che si tratti della pettinatura che avete scelto, del modo in cui guidate o della vostra vita privata, c'è sempre qualcuno che sa cos'è giusto o sbagliato per voi. Sembra quasi che indossiate una maglietta con la scritta: "Prego, fatevi pure i fatti miei!", così che chiunque abbia qualche critica da muovervi si sente invitato a farlo senza alcun problema. E voi vi vedete costretti a confrontarvi con tutto ciò che vi viene rimproverato. La frase: "Non sono affari tuoi!" la pronunciate davvero troppo raramente.

**Vi sentite responsabili di chi si trova in stato di bisogno**

Siete una persona che si preoccupa molto? Tendete a fare molto per gli altri, magari non limitandovi all'essenziale, ma assumendovene anche la responsabilità? Siete convinti di dover provvedere in prima persona al benessere altrui o aiutare il prossimo ad affrontare gli alti e i bassi della vita (o magari semplicemente a completare gli studi)? Se è così, c'è una frase che esce troppo di rado dalle vostre labbra, ed è: "Insomma, arrangiati un po' da solo!". La vostra natura vi porta a scattare non appena avvertite determinati segnali. Chiunque si dimostri bisognoso d'aiuto e in difficoltà ha ottime possibilità di essere accolto sotto la vostra ala protettrice. Ma quando viene il vostro turno? Chi pensa a voi, se siete sempre occupati con il prossimo?

Trovate che uno di questi punti rispecchi la vostra situazione? Non spaventatevi se tutti e quattro fanno al caso vostro. Quelle che ho descritto sopra non sono sciocchezze, ma capacità e doti estremamente preziose. Prendersi cura del prossimo, accettarne i consigli ed essere disposti a intervenire in suo aiuto non sono certo difetti, ma meravigliose virtù. Caratteristiche che vi contraddistinguono, ma che necessitano di confini netti per non andare sprecate. Confini che vi impediscano di lasciarvi sfruttare. E per tracciare questi confini basta il vostro "no".

*Chi dice troppi sì rischia di farsi sfruttare dagli altri.*

Come per tutte le strategie di autoaffermazione presentate in questo libro, non si tratta di vietare un determinato comportamento o disabituare l'interessato ad adottarlo. Si tratta invece di equilibrio. Chi non ha problemi a dire sì, dall'altro lato della propria personalità ha bisogno di un no per controbilanciare la situazione. Siate quindi felici per la disponibilità e l'impegno che dimostrate verso il prossimo, ma tracciate anche un confine netto. Fate capire all'altro dov'è il limite. Dite sì, ma avanzate anche voi richieste agli altri, e sappiate coerentemente dire no a tutto ciò che vi danneggia, vi ferisce o richiede un impegno superiore alle vostre capacità.

## Dire no in modo deciso e inequivocabile

Dire no è semplicissimo, in linea di principio. L'importante, facendolo, è non esitare e non ricorrere a troppe parole. Esprimete il vostro no in modo naturale, come se informaste l'altro dell'ora o della data odierna. Questa pacata naturalezza nel tono di voce farà capire all'interlocutore che siete determinati e che non gli conviene mettere in dubbio il vostro rifiuto. L'arte consiste nel pronunciare il no come se fosse inoppugnabile.

Nella strategia che segue ho riassunto i cinque consigli principali per dire no.

STRATEGIA DI AUTOAFFERMAZIONE: DIRE NO

1. **Riconoscete il vostro no**
   Stabilite *prima* di intavolare la conversazione con l'altro cos'è che non volete più, che vi ha stancati o vi dà fastidio. Permettete a voi stessi di dire no e concedetevi il diritto di stabilire un limite alla situazione.
2. **Dite no**
   Adottate il contegno fiero e regale e indossate lo scudo protettivo. Durante la conversazione parlate con tono gentile, ma deciso allo stesso tempo. Spiegate chiaramente all'interlocutore ciò che non volete o non gradite. Esprimetevi con frasi brevi e semplici. Mentre dite no, guardate l'altro direttamente negli occhi.
3. **Non adducete giustificazioni**
   Se volete, potete spiegare brevemente i motivi del vostro rifiuto, ma evitate di farlo per giustificarvi. Giustificandovi darete all'altro l'impressione di desiderare comprensione da parte sua, e questo lo spingerebbe a replicare al vostro rifiuto. Ricordate che potete mantenervi sulla vostra posizione anche se l'altro non ne comprende i motivi.
4. **Non cedete**
   Se il vostro no non viene accettato, ripetete il tutto un'altra volta. Dite no ancora, se necessario adducendo una breve motivazione. Evitate però di agitarvi e mantenete un tono fermo e deciso.

## Non permettete a nessuno di trattarvi male

In questo capitolo troverete tanti consigli utili per riuscire a dire no in modo gentile, ma deciso. Vi spiegherò cos'è il no delicato, il no che non offende e il no con un tocco di diplomazia.

Ci sono però anche situazioni che rendono indispensabile un no drastico. Un no tonante, che abbia lo stesso effetto di un enorme cartello di stop. Un no di questo tipo vi serve ogni volta che venite trattati senza rispetto o mortificati. Prima di presentare il no dolce e diplomatico, quindi, preferisco spiegarvi come riuscire a pronunciare questo. È un no che spero dobbiate esprimere davvero molto raramente.

*Non accettate di essere offesi o sviliti. esprimete subito e in modo deciso il vostro no.*

Ogni volta e in qualsiasi modo veniate mortificati, è importante che riusciate a bloccare subito lo schema di comunicazione in atto. Con coerenza e un massimo di autorità personale.

Ogni minuto in cui vi lasciate mortificare, equivale a un sì rivolto all'altro. È come se gli segnalaste: "Sì, puoi fare questo con me". E ogni minuto in cui non dite no, nell'altro cresce il disprezzo nei vostri confronti. Disprezzo nel vedervi così debole e sottomesso. Tutto questo rende la situazione davvero pericolosa. La mancanza di confini diventa per l'altro una sorta di invito a mettervi i piedi in testa come meglio crede.

*Non ridete mai di una critica camuffata da battuta.*

Fate capire subito a chi vi sta di fronte che non sopportate nemmeno un secondo di essere trattato in malo modo. Mai.

Se lui camuffa la sua mancanza di rispetto con ironia, spirito e leggerezza, la regola è: voi non ridete affatto. Le mortificazioni non sono mai divertenti e nemmeno indice di umorismo. Non è mai piacevole essere trattati male o vedere qualcun altro in quella situazione. Rovinategli subito la festa: interrompete quel gioco per niente divertente dell'altro con un chiaro e deciso no, senza nemmeno mettervi a spiegare perché non ci volete proprio stare.

Un altro consiglio importante: resistete alla tentazione di farla pagare all'altro mancandogli a vostra volta di rispetto: non fareste che scendere al suo basso livello e fare anche voi ciò a cui vi siete appena opposti. Evitate, quindi, commenti offensivi nel tentativo di rendere pan per focaccia. Rinunciando a questo vi dimostrerete integri e rispettabili. Per reagire a mortificazioni e offese è utile un riassunto della strategia del no, che vi presento qui di seguito.

*Non rispondete a un'offesa offendendo a vostra volta. Dite solo e coerentemente no.*

### Strategia di autoaffermazione: come ribellarsi con un no deciso alle mortificazioni

- Alzatevi subito in piedi e adottate il contegno più fiero e regale possibile.
- Parlate con un tono molto più forte e un po' più profondo del solito, e conferite autorità alla voce, ma senza mettervi a urlare.
- Guardate la persona che avete davanti direttamente negli occhi. Aumentate la distanza tra voi, indietreggiando di due passi.
- Pronunciate con voce forte e severa una o due frasi che facciano capire chiaramente all'altro come stanno le cose. Per esempio:

  "No, non voglio. La smetta subito".

  "Alt! Lei mi sta offendendo. Così a me non si rivolge."

  "Basta, adesso! Non le permetto di comportarsi in questo modo."

  "Non è divertente. Se fai così, con te non parlo."
- Non lasciatevi impelagare in una discussione. Appena vi sentite sminuiti, offesi o minacciati, interrompete la comunicazione.
- Se necessario, ripetete il vostro no con le stesse parole di prima, più e più volte. Oppure andatevene.

Ad alcuni, all'inizio, risulta difficile parlare in tono deciso e severo. Se anche a voi capita lo stesso, potete provare questa strategia dapprima a casa vostra, da soli. Scegliete due frasi tra quelle suggerite sopra e provate a pronunciarle rivolgendovi alla parete con la massima autorità e a voce alta, ma senza gridare, immaginandovi di discutere con una persona con la quale siete in disaccordo. Ripetete le frasi finché sentite di poter emettere una voce sicura ed efficace. Il contegno fiero e regale vi aiuterà a trovare dentro di voi la forza necessaria e a emanare sicurezza.

## Benvenuti nel mondo dei bisognosi di armonia

In effetti è semplicissimo: per riuscire a dire no è importante riconoscere a voi stessi che qualcosa vi crea problemi. Che c'è qualcosa che vi disturba o vi innervosisce. Una volta riconosciuto questo, dite no e tracciate un confine. Fate capire quello che non volete.

*Con il vostro no diventate più autentici. Riconoscete a voi stessi che c'è qualcosa che vi disturba.*

In teoria appare lampante. Ma solo in teoria, sulla carta. Trasferiamoci ora nel mondo reale, perché lì la situazione appare spesso diversa.

Racconterò ora qualcosa delle persone che spesso prendono parte ai miei seminari per imparare a farsi valere. Si tratta di uomini e donne che desiderano tantissimo un'atmosfera serena e distesa nella vita di tutti i giorni e che vogliono soprattutto una cosa: evitare i litigi. Lo ammetto: sono anch'io una di queste persone bisognose di armonia. Per quale altro motivo pensate che abbia scritto un libro che spiega come farsi valere senza diventare aggressivi verso l'altro? No, nemmeno a me piacciono i litigi, e se anche voi avete bisogno di sentirvi circondati da armonia, conoscete il problema. La gente come noi ha difficoltà a dire no. Naturalmente, in teoria sappiamo benissimo come farlo, ma poiché il no disturba l'armonia, preferiamo adottare la modalità più delicata. In pratica, mandiamo giù il rospo. Anziché ribellarci, non pronunciamo parola e facciamo finta di niente.

*Nel contatto con gli altri abbiamo sempre bisogno di entrambi: il nostro sì e il nostro no.*

La collega ha un'altra volta da ridire sulla nostra pettinatura. Anziché risponderle, però, che ci siamo stufate di quei commenti, perdiamo sicurezza in noi stesse e cerchiamo lo specchio più vicino per controllare se ha ragione.

A cena il figlio sedicenne dice che è stufo di vedersi rifilare la zuppa di verdura biologica e noi, pur di salvare l'atmosfera, gli suggeriamo di infilare una pizza surgelata nel microonde.

Alla festa di famiglia zia Katie torna a fare battute sulla nostra professione. Anziché dimostrare quanto ci sentiamo offesi, però, noi prendiamo un'altra fetta di torta e mandiamo giù tutto. E magari sorridiamo anche un po'.

Non è successo niente e tutti vanno d'amore e d'accordo.

## Quando la goccia fa traboccare il vaso

Noi desiderosi di armonia non siamo né apatici, né insensibili. Anzi, disponiamo di una sensibilità alquanto sviluppata. Registriamo ogni minima sgradevolezza, ogni fastidio e ogni prevaricazione. Tutte le situazioni o i fattori che ci innervosiscono e ci tormentano, però, li teniamo per noi. Li accumuliamo dentro via via e a un certo punto arriviamo al limite. Cade la classica goccia che fa traboccare il vaso. Basta una piccolezza, una minima scintilla a far esplodere la miccia.

*Un no represso può trasformarsi in rabbia.*

E a quel punto quello che lasciamo uscire non è più armonico. No, non esistono più richieste cortesi, né tentativi di farsi valere. Quello che lasciamo uscire è rabbia. Uno sbuffare indignato, rimproveri stizziti, porte sbattute con violenza e commenti acidi del tipo: "Ne ho proprio abbastanza! Arrangiati da solo con le tue cavolate!".

"Vedrete, come ve la caverete bene, senza di me!"

"Ne ho fin sopra i capelli! Chiedimi subito scusa e lasciami in pace!"

A coloro che ci sono vicini, una reazione di questo tipo risulta del tutto incomprensibile. Fino a quel punto tutto funzionava a meraviglia, e all'improvviso questo sfogo. No, non si tratta di una crisi di nervi, né di carenza di vitamine, né di sindrome premestruale.

Fino ad allora, noi bisognosi di armonia siamo stati il "climatizzatore emotivo" che ha mantenuto il buon umore di tutti. Nessuno, però, si è accorto di quanto ci sia costato farlo, quanto abbiamo dovuto sforzarci e reprimere il malumore. Quello che è emerso con l'impeto di un'esplosione violenta sono tutti i no repressi fino a quel momento.

C'è qualcosa che possa impedire un simile scoppio? Possiamo fare in modo di non uscire dai gangheri in quel modo? La risposta è: sì. Sì, evitando di ingoiare continuamente rospi e stabilendo per tempo dei limiti. Non rimandando all'infinito, ma parlando subito, quando qualcosa ci infastidisce. Per riuscirci abbiamo bisogno di un nuovo concetto di convivenza armonica. Basta con lo starsene zitti a sopportare! La nuova atmosfera armoniosa deve fondarsi su sincerità e franchezza, e poter prevedere sia un sì che un no.

*Sopportare e tacere non creano armonia.*

Pronunciare un no chiaro e netto non significa dover rinunciare all'amicizia. Potete combinare entrambe le cose. Potete stabilire un confine con l'altro in maniera gentile. Come riuscirci, ve lo spiego nel paragrafo che segue.

### Strategia di autoaffermazione: come dire no in modo gentile

1. Riconoscete a voi stessi che qualcosa vi irrita o infastidisce. Permettetevi di avvertire dentro di voi questa sensazione di sgradevolezza. Alla prima occasione possibile, fate capire alla persona che avete davanti quello che non volete o che vi disturba.
2. Adottate il contegno fiero e regale e indossate lo scudo protettivo. Entrambi vi aiuteranno ad apparire sicuri di voi e, al contempo, a rimanere calmi e rilassati.
3. Parlate in un tono tranquillo e distaccato. Fondamentali: testo breve, parole chiare.

4. Chiamate l'interessato per nome: quello che dite gli farà più effetto. Utilizzate formule cortesi, del tipo:
   - "Signor Meier, devo chiederle un favore. La radio che tiene accesa in ufficio arriva fino a me e mi distrae mentre lavoro. Potrebbe abbassarla un po' o spegnerla del tutto?".
   - "Mi spiace, Karin, ma ti devo lasciare. Ho solo cinque minuti."
   - "Zio Franz, i tuoi commenti su me e mio marito non mi divertono affatto, anzi: mi urtano parecchio. Finché siamo qui tutti insieme, evitali, per favore."
5. Se l'altro non vi prende subito sul serio, ripetete il no in modo pacato anche più volte, se necessario.

Questo modo cortese di dire no parte dal presupposto che l'altra persona, fondamentalmente, voglia mantenersi in buoni rapporti con voi. Perché questo accada, fornitegli una chiara conferma di quello che vi infastidisce e del limite che avete stabilito. Se riuscite a farlo in un tono che va dal gentile al neutro, l'altro potrà modificare l'atteggiamento senza perdere la faccia: non lo avrete attaccato, infatti, ma avrete semplicemente stabilito un limite. Così facendo, eviterete che la situazione assuma toni drammatici.

Anche qui è importante che non obblighiate nessuno a cambiare comportamento. Comunicando in modo chiaro e con sicurezza, però, aumentate le possibilità che si venga incontro alle vostre richieste.

## Come dire no e mantenersi comprensivi

Per diverso tempo mi sono osservata per cercare di capire in quali situazioni dire no mi riusciva difficile. Mi sono accorta che, parlando con qualcuno, mi lasciavo spesso coinvolgere dal suo mondo. Capivo quello che diceva e trovavo evidenti le sue ragioni. Se a quel punto lui voleva qualcosa da me, ormai ero in trappola. Quasi automaticamente – proprio perché capivo benissimo le sue motivazioni – mi lasciavo uscire un sì. Il mio "Sì, ti capisco" si trasformava in un attimo in un "Sì, lo faccio", e accettavo la richiesta o mi impegnavo per un appuntamento.

*Provare comprensione per una persona non significa automaticamente dover anche dire sì.*

Dicendo automaticamente sì, avevo una capacità empatica nei confronti dell'altro del cento per cento, ma dello zero per cento per me stessa. Mancavo di benevolenza nei *miei* confronti.

Il problema, in questo caso, non è la capacità di empatia. Come tante altre nostre capacità, anch'essa è di enorme valore. È una preziosa competenza sociale, e assolutamente non una debolezza. Solo l'empatia ci permette la convivenza pacifica con l'altro, in alcuni momenti, e quando manca si fanno presto largo insensibilità e spietatezza. Proprio essendo così preziosa, però, ha anche bisogno di una solida protezione. E la migliore protezione è un confine netto.

Per me è stato importante imparare a tenere presente anche i miei interessi, parlando con l'altro. Abbiamo sempre bisogno di entrambi fattori, infatti: empatia nei confronti dell'interlocutore, ma anche nei confronti di noi stessi.

*Non cercate solo di capire l'altro. Dimostrate comprensione anche per voi stessi.*

Provando comprensione per entrambe le parti, può accadere che, pur capendo benissimo le ragioni di chi abbiamo di fronte, rispondiamo no alla sua richiesta. Vi dimostro subito come possa avvenire nella pratica.

La strategia che sto per presentarvi vi permette di dire no, ma al contempo di dimostrare anche di comprendere lo stato d'animo e le intenzioni dell'altro. Potete applicarla ogni volta che per voi è molto importante mantenere una buona relazione con l'interlocutore.

Attenzione! Adottare la strategia qui presentata ha senso solo se comprendete effettivamente la persona con cui state parlando e le rispettive motivazioni. Non fingete comprensione quando non riuscite a provarne. Non provare empatia per l'altro non è così grave. Nel caso, adottate semplicemente una delle altre strategie presentate in questo capitolo.

### Strategia di autoaffermazione: mostrare comprensione, ma dire comunque no

1. **Prestate attentamente ascolto**
   Prestate attentamente ascolto al vostro interlocutore. Limitatevi a quello, per il momento, senza dire nulla. State attenti a non annuire con il capo, perché l'altro potrebbe fraintendere il gesto interpretandolo come un sì. Ascoltate semplicemente, mantenendo un contegno neutro.
2. **Stabilite cosa volete**
   Dopo aver ascoltato quello che l'altro vuole da voi, prendetevi una breve pausa di riflessione. Rimanete in silenzio e prestate attenzione a come vi sentite. Ponetevi mentalmente la domanda: "Cosa voglio?". Prendete in considerazione i vostri interessi e desideri, come pure quelli dell'altro.
3. **Comunicate all'altro la vostra decisione**
   Se non potete o non intendete esaudire la richiesta della persona davanti a voi, comunicateglielo. Dimostrategli anche, però, che comprendete la sua situazione e la sua richiesta, evitando ogni minima nota di sarcasmo o amarezza. Esprimetevi con frasi semplici e chiare, come:
   - "Ho capito che per lei la questione è davvero importante. Purtroppo al momento non sono in grado di aiutarla, però: la mia agenda è già piena".
   - "Ho capito che vorresti stare in discoteca con gli amici fino a mezzanotte, ma io vorrei che tornassi a casa per le dieci, anche se gli altri possono stare fuori più a lungo."
   - "Capisco che per lei sia importante avere la conferma il più presto possibile. Per me, però, la situazione è questa: mi servono ancora come minimo due giorni per leggere la richiesta e valutare il tutto."

- "Mi sembra evidente che tu voglia trasformare la nostra cantina in un'officina. Io, però, non sono d'accordo. Con i soldi che i lavori richiederebbero preferirei comprare un divano e una lavatrice nuovi."

Quasi tutti riescono ad accettare un no molto più facilmente se hanno anche l'impressione di essere stati presi in seria considerazione e accettati assieme alla loro richiesta. La comprensione che una persona avverte da parte dell'altro è una sorta di conferma, anche nel caso in cui la richiesta non venga accolta. In questo modo il no risulta più gentile e può essere accettato molto meglio di un brusco rifiuto.

## Come impedire di farsi prevaricare

Per molte persone che finora hanno detto sì troppo in fretta, imparare a dire no risulta a volte una vera impresa. In molti casi è bene procedere per gradi. Tra il sì e il no esiste una via di mezzo, un punto neutro nel quale non c'è più alcun sì automatico, ma nemmeno un no, per il momento. Questo punto è il tempo di riflessione. Una pausa per pensare.

Se non dite più automaticamente sì, ma non volete nemmeno dire subito no, il tempo di riflessione è ciò che fa per voi. Vi permette di pensare tranquillamente e valutare vantaggi e svantaggi delle rispettive risposte. Quanto a lungo riflettere, spetta a voi deciderlo.

*Avete il diritto di riflettere in tutta calma prima di rispondere sì o no.*

"Pausa di riflessione!" è anche la risposta più adatta quando avvertite eccessiva pressione da parte dell'altro, che cerca in tutti i modi di convincervi non dandovi nemmeno il tempo per respirare. Può trattarsi dell'amico che vedete comparire alla porta di casa e vi chiede di prestargli immediatamente del denaro (una bella somma). Oppure del capo che vuole subito la conferma della disponibilità per gli straordinari il venerdì pomeriggio. Oppure di vostra sorella che vi comunica che sarete voi a tenere il discorso per l'anniversario di matrimonio dei vostri genitori. Siete d'accordo, vero? È già tutto stabilito e... Stop! Qui c'è il rischio di essere prevaricati.

Non fatevi mettere sotto pressione dagli altri. Se qualcuno ha una terribile fretta e bisogna decidere tutto in un attimo, fate così: controllate che si tratti davvero di un'urgenza. Guardatevi bene intorno: sta forse bruciando la casa? Oppure c'è qualcuno con un'emorragia in corso?

Escluse queste due ipotesi, non c'è alcun bisogno che vi occupiate immediatamente della cosa. Se non sussiste alcuna emergenza, prendetevi tempo per riflettere. Come avete diritto a respirare, avete anche diritto a riflettere con calma, prima di decidere.

*Se vi fanno pressioni, la migliore risposta da dare è: "Ci rifletterò su".*

Strategia di autoaffermazione: prendetevi tempo per riflettere

1. Grazie allo scudo protettivo e al contegno fiero e regale eviterete di essere contagiati dalla frenesia e dalla pressione altrui.
2. Se qualcuno vi avanza una richiesta o pretende qualcosa da voi, concedetevi il tempo necessario per pensarci. Anziché rispondere subito sì o no, dite semplicemente:
   - "È una questione importante. Ci rifletterò su".
   - "Ci farò un pensierino."
   - "Si tratta di una questione importante per me, per cui preferisco valutare bene, prima di darvi una risposta."
   - "Ci penso."
   - "Mi serve un po' di tempo per pensarci."
   - "Interessante proposta. Prima di accettarla o meno, però, preferisco dormirci su una notte."

3. A volte è consigliabile informare l'altro di quanto tempo vi serve per riflettere. Per farlo, basta una frase:
   - "Ti richiamo domani".
   - "Le faccio sapere tra dieci minuti."
4. Importantissimo: per poter riflettere con calma dovete aver interrotto il contatto con l'interlocutore, per cui è bene che rimaniate soli o usciate dalla stanza.

La pausa di riflessione presenta anche un altro vantaggio: vi permette maggiore creatività. Spesso un semplice sì o un no non offrono molto spazio di azione. Riflettendo un po' potrete fornire una risposta più articolata.

Per esempio, potete dire sì e aggiungere al contempo una condizione: "Sì, me ne occupo, ma vorrei che tu..." (e qui fate una proposta).

*Potete collegare il vostro sì a una richiesta, oppure il no al suggerimento di una soluzione alternativa.*

A formulare queste risposte, però, arriverete solo dopo aver riflettuto con calma. La pausa vi permette di liberare la creatività. Al posto di rispondere solo sì o no, inizierete un dialogo nel quale si potranno elaborare soluzioni alternative.

## Perché le buone relazioni hanno bisogno di sì e no

Ormai lo sappiamo da tempo: le storie d'amore languide e struggenti dei film romantici non esistono nella vita reale! I due amanti che si promettono amore eterno e per capirsi non hanno bisogno di parole (a loro basta guardarsi negli occhi) non pronunciano mai un no. Davvero toccante, ma del tutto irreale. Tanto irreale quanto dei dinosauri che passeggiano per New York o Superman che salva il mondo con i suoi poteri. Sono tutte creazioni di autori di romanzi e sceneggiature.

La verità sulle buone relazioni non rispecchia affatto quella hollywoodiana. Ogni relazione ben funzionante ha bisogno di entrambi: sia del sì che del no. Questo vale per le relazioni di coppia, come per le amicizie o il rapporto con i colleghi di lavoro. Non si è un'anima e un corpo, bensì individui diversi.

*Per mantenere buone relazioni vi servono entrambi: il sì e il no.*

Anche quando due corpi e due anime si incontrano, ognuno di loro porta con sé la propria storia di vita vissuta, abitudini, preferenze, antipatie, inibizioni e punti deboli.

Solo facendo capire all'altro quello che ci piace e dove sono i nostri confini, abbiamo la possibilità di sperimentare intimità e senso del legame. Ogni "Sì, con te volentieri" ha bisogno di un "No, adesso basta" che lo controbilanci.

Al tutto va aggiunto il fatto che nel corso della vita noi cambiamo. I nostri confini non sono scolpiti nella roccia o stabiliti in modo indelebile. Possono spostarsi, proprio perché cresciamo e ci evolviamo. È importante, pertanto, non parlarne una volta sola, ma tornare di tanto in tanto sull'argomento.

## Fate capire all'altro quali sono i vostri confini

Per spiegare bene cosa significa stabilire i propri confini ricorro spesso alla metafora dell'orto e del recinto. Voi e la vostra vita siete simili a un bell'orto coltivato, con confini ben precisi segnati da un recinto. Lì coltivate le azioni, i pensieri, le emozioni, i propositi e i piani della vostra vita. Vi prendete cura del vostro corpo, del vostro tempo, dei contatti e delle attività varie. Quello che ci piantate è solo affar vostro. Ne siete voi i responsabili.

*I vostri confini mostrano all'altro dove comincia la vostra sfera personale, e da lì siete voi a decidere.*

Il recinto mostra agli altri che nel vostro orto non si può cogliere verdura o lasciare in giro rifiuti senza chiedere il permesso. È il vostro territorio personale ed è di vostra esclusiva pertinenza. Il recinto si può aprire, poiché ha un cancello che voi e solo voi potete aprire o chiudere a vostro piacimento. Nel vostro orticello potete invitare altre persone e accettare doni da parte loro. Potete dire loro sì o no, oppure chiedere del tempo per riflettere.

Naturalmente, anche tutti coloro che vi circondano posseggono il loro orto recintato, e quello che vi piantano è di loro esclusiva pertinenza. Di quello non siete responsabili. È del tutto possibile, inoltre, che vi piantino opinioni, emozioni e attività del tutto diverse dalle vostre. La vita che vivono gli altri è una questione loro: in linea di principio non vi riguarda affatto – e questo vale anche per le persone che vi sono più vicine.

*Assumetevi la responsabilità della vostra vita e tenetevi a debita distanza da quella degli altri.*

Ognuna delle persone a voi più care ha un personale "orticello della vita" per il quale è responsabile. Il recinto vi permette di capire dove termina la vostra sfera di influenza e comincia quella dell'altro.

Nella convivenza è importante trovare accordi sui rispettivi confini: stabilire dove inizia la sfera privata di ciascuno e come suddividere compiti e responsabilità.

La mia ricetta per una vita serena e senza problemi è la seguente: accertatevi di stabilire dei confini chiaramente riconoscibili. Prendetevi cura del vostro orto e tenetevi a debita distanza da quello del prossimo.

Se però vi viene voglia di andare a zappare la terra nell'orto altrui, non dimenticate di bussare, prima, e di chiedere se il vostro aiuto è bene accetto. Ovviamente l'altro avrà tutto il diritto di rispondere con un sì, con un no, o con un: "Pausa di riflessione!".

*Quando volete aiutare il prossimo, chiedete sempre prima se l'aiuto è gradito.*

E nel caso qualcuno si metta a zappare nel vostro orto senza che voi glielo abbiate chiesto e si intrometta nei vostri affari, fategli capire chiaramente: "Attenzione! Sei sul territorio di mia competenza. Quello che si fa qui lo decido solo io".

Le persone che tendono a chiedere troppo a se stesse tracciano spesso confini deboli. Chi ha l'agenda strapiena di appuntamenti e una lista interminabile di incombenze da portare a termine incontra difficoltà a dire no. Ci possiamo immaginare la situazione come il recinto di un orto ormai marcio e poco distinguibile, dove tutti scaricano i propri problemi, preoccupazioni e richieste.

*L'assenza di confini netti e precisi equivale a un invito per l'altro a scaricare lì tutti i suoi fardelli.*

Gli altri non si rendono conto di trovarsi su un territorio di competenza altrui. Non ci sono blocchi di alcun genere, né delimitazioni evidenti. Niente che obblighi a bussare prima e a chiedere. Non c'è una porta da poter anche chiudere, di tanto in tanto.

Non a caso molti sostengono che una buona gestione del tempo consiste per lo più nel dire no.

Se avete voglia, potete testare subito i vostri confini, ossia il recinto del vostro orto personale: provate a misurare quanto sono solidi ed evidenti. Leggete le domande che seguono e rispondetevi in silenzio:

- Dove (in quali settori della vostra vita quotidiana o a quali persone) vorreste dire più spesso no?
- Perché vorreste dire no in quella situazione? Cos'è a darvi fastidio?
- Sinceramente, cosa vi ha impedito finora di dire no? Cosa potrebbe succedere se lo diceste la prossima volta che la situazione si ripresenta?
- Gli altri tendono a scaricare su di voi problemi, preoccupazioni o mansioni varie? Se sì, come vi convincono a farvene carico?
- Quando vi siete immischiati negli affari personali di qualcun altro senza chiedergli prima il permesso? Qual era il vostro scopo?
- Ogni volta che vi innervosite con qualcuno, ponetevi le seguenti domande: cos'è affar mio e cosa, invece, è affar suo? Cosa mi compete (il mio orto) e cosa no (il suo)?

## Domande frequenti sulla strategia di autoaffermazione "il no gentile"

*"Mi piacerebbe dire più spesso no, soprattutto sul lavoro, ma temo che mi procurerebbe svantaggi, per esempio se mi rifiuto di fare gli straordinari. Come mi posso regolare?"*

È importante che affrontiate la questione con attenzione. Io non sono in grado di valutare se nella professione che svolgete possiate permettervi, o meno, di dire no. Potete, però, riflettere e valutare quanto costa un sì e quanto un no. Ogni sì costa qualcosa o, in altre parole, un sì comporta anche degli svantaggi.

*Prima che vi decidiate, valutate quali vantaggi e quali svantaggi avrebbero un no o un sì.*

Prendiamo per esempio in considerazione la questione dello straordinario. Se dite sì e lavorate quelle ore in più, siete costretti a rinunciare a parte del vostro tempo libero. Forse dovrete anche sopportare le lamentele dei familiari, che vi vedono a casa così di rado. Questo fa parte dei costi, come anche il malumore o lo stress conseguenti al sì. Tuttavia, anche rifiutare le ore di straordinario comporterebbe dei costi, degli svantaggi. Per esempio, il capo potrebbe rimanere deluso o irritato non vedendovi lavorare di più. Magari è anche una persona vendicativa e potrebbe farvela pagare ostacolandovi la carriera. Per quanto riguarda i colleghi, la reazione potrebbe essere di due tipi: alcuni potrebbero considerarvi un eroe, avendo avuto il coraggio di rifiutare lo straordinario, altri una seccatura, essendo costretti a lavorare al posto vostro.

Anche il no, quindi, vi costerebbe qualcosa. Né il sì né il no sono gratuiti. In ultima analisi la decisione è una questione di costi. Sì o no: cos'è che mi costa di più? E cos'è che mi permette di cavarmela più a buon mercato?

*"Non voglio deludere gli altri. Non amo vederli tristi o frustrati solo perché ho detto loro no. Come posso gestire questa mia tendenza?"*

La comunicazione prevede due ambiti. Uno è quello che potete influenzare e organizzare a vostro piacimento e comprende il tono di voce, le parole che scegliete e la mimica. Sono tutte cose che decidete voi. Ma c'è anche una parte che non avete sotto controllo. Sono i pensieri e le emozioni del vostro interlocutore. Non potete stabilire come reagirà alle vostre parole e come si sentirà. Potete rivolgergli il no più delicato possibile, ma che provochi in lui tristezza o delusione non dipende in alcun caso da voi. Non potete fare niente per farlo sentir bene dopo che gli avete detto no. Importante è che voi accettiate il vostro rifiuto e vi permettiate anche di pronunciarlo in modo chiaro e cordiale. Questa parte è di vostra competenza. Lasciate che sia l'altro a decidere come reagire al vostro no.

*Non siete responsabili del modo in cui l'altro si sente dopo aver ricevuto un no da parte vostra.*

*"Ora dico più spesso no e stabilisco confini netti tra me e gli altri. Questo, però, mi fa sentire in molti casi la coscienza sporca. Come posso liberarmi di questi sensi di colpa?"*

Prima di tutto è importante avvertire la sensazione del momento, indipendentemente da quale sia. Accettate sempre benevolmente tutte le sensazioni e le emozioni, anche i sensi di colpa. La cattiva coscienza e il sentirsi colpevole indicano che state per abbandonare il vecchio ruolo finora adottato.

Tutti noi in famiglia, a scuola e forse anche in chiesa abbiamo imparato a comportarci da brave persone. Queste norme e questi valori di riferimento si sono radicati in profondità nei meandri del nostro cervello e appena smettiamo di comportarci in modo così educato, gentile e disponibile verso il prossimo, come ci è stato insegnato, la coscienza si fa subito sentire e ci fa presente che stiamo trasgredendo quanto appreso. Ma questo va benissimo. Con il tempo imparate che non è un crimine stabilire confini netti tra sé e l'altro e che un no non fa male. Inoltre vi rendete conto che siete una brava persona proprio perché riuscite a farlo. Se questa convinzione comincia piano piano a instaurarsi in voi, la cattiva coscienza si farà sentire sempre di meno.

*Accorgendovi che il vostro no non è dannoso, vi sentirete sempre meno la coscienza sporca.*

## "Se non me ne occupo io, chi lo farà?"

Stabilendo confini netti tra sé e il prossimo, può capitare che alcuni spazi rimangano vuoti. Fino a poco fa siete stati sempre voi a entrare in azione e a occuparvi di quello che gli altri non riuscivano a fare – o forse non volevano. Da un po' di tempo, invece, dite più spesso no. Avete stabilito un limite e non vi sentite più responsabili di tutto e di tutti. E allora, a tutte le mansioni da svolgere chi pensa? È vero, voi non vi sentite più obbligati a farlo ogni volta, ma la conseguenza è che nessun altro vi sostituisce. A chi toccherebbe? Chi va a fare la spesa? Chi si prende cura dei genitori anziani? Chi scrive il verbale e chi prepara il caffè?

Il vostro no fa capire alle persone intorno a voi che il vecchio schema non funziona più. Non siete più lo schiavetto sul quale scaricare tutti i pesi che nessuno vuol portare. E fin qui, tutto bene. Ma poi è necessario compiere il passo successivo. Ora, infatti bisogna colmare il vuoto, in modo che le mansioni sbrigate finora da voi continuino a essere svolte. Occorre ripartire in maniera diversa compiti e ruoli. In breve: voi e le persone che vi sono vicine dovete trovare un nuovo accordo.

*Smettete di farvi sempre carico di ogni responsabilità e stabilite un nuovo regolamento.*

Un nuovo accordo può essere molto facile da raggiungere. Per esempio, si può stabilire tutti insieme che da ora in poi ci si occuperà a turno di determinate incombenze. Tutti, prima o poi, scriveranno il verbale, porteranno fuori la spazzatura o andranno a fare la spesa. Accordi di questo tipo non richiedono molto tempo, né particolari energie, ma è importante che assumiate il controllo della situazione e comunichiate il tutto a ogni diretto interessato. Stabilite un momento in cui mettersi bene d'accordo su chi, quando e di cosa ciascuno si dovrà occupare.

Per riuscire ad accordarvi in questo modo con gli altri vi servono tre cose. Prima di tutto una buona porzione di determinazione. Poi una certa tenacia. Infine, sia voi che chi vi è vicino avete bisogno di quella cosa che si chiama "buona volontà". Senza buona volontà non c'è comunicazione efficace tra le persone e non si raggiunge alcun accordo.

*Senza la buona volontà da parte di tutti non si trovano accordi in grado di funzionare.*

Se siete stati per lungo tempo quelli che si accollavano tutti i compiti sgradevoli, porre fine a questo schema e adottare un andamento nuovo potrebbe richiedervi un certo sforzo. All'inizio potreste avere l'impressione che gli altri non dimostrino nessuna buona volontà. Adottare un nuovo stile di vita, infatti, non è sempre così facile. In questo gioca un ruolo essenziale la vostra capacità di autoaffermazione. Tutto dipende dal saper portare avanti il discorso con determinazione e coerenza. Vorrei dimostrarvi come sia possibile farlo nelle pagine seguenti, grazie a un esempio di vita reale: la storia di Sandra.

## Gente che ignora la sporcizia e altri problemi

Sandra condivideva l'appartamento con una ragazza e due ragazzi. Le piaceva abitare in quell'appartamento. Tutti e quattro erano studenti, lo spazio non mancava ed erano vicini all'università. Sarebbe stata davvero una soluzione perfetta, se non fosse stato per il problema della sporcizia.

*Chi si fa carico ogni volta delle mansioni di competenza altrui finisce per sentirsi sempre responsabile di ogni cosa.*

Sandra era l'unica a sbrigare regolarmente le pulizie di casa. Gli altri tre le scansavano abilmente ogni volta. La ragazza faceva di tanto in tanto un po' di spesa e cucinava nel fine settimana, ma i due maschi con i lavori domestici non andavano proprio d'accordo. Soffrivano di una particolare sindrome: la famosa "cecità da sporco". Non importava quanto lurida fosse la cucina: loro si sedevano senza alcun problema a fare colazione e leggevano il giornale.

*È meglio suddividere i compiti, anziché lamentarsi di doversi occupare di tutto.*

Naturalmente Sandra non aveva alcuna voglia di essere l'unica a occuparsi dei lavori di casa. Si lamentava di continuo con gli altri, cercando di convincerli a prendere in mano anche loro, una buona volta, un panno o una scopa, ma il risultato era sempre lo stesso: i tre concordavano con lei che così non si poteva andare avanti. Le promettevano ogni volta che da quel momento avrebbero fatto più spesso le pulizie, ma poi non succedeva niente. Ogni volta Sandra si ritrovava di fronte a una pila di piatti sporchi, a fornelli unti e a un pavimento pieno di briciole. E il bagno? Di quello meglio non parlare: a volte le faceva davvero schifo.

Sandra era sul punto di lasciare quella casa, dato che i ripetuti appelli erano caduti nel vuoto. Le pulizie erano rimaste sua esclusiva competenza, poiché era l'unica a non sopportare la sporcizia, lì dentro. Ormai non sapeva più che pesci pigliare. Escludeva qualsiasi traccia di buona volontà da parte dei coinquilini, come pure la possibilità che prima o poi si sarebbero suddivisi le incombenze. Per questo motivo non voleva più abitare con loro.

## Quando le parole sono solo fumo

Consigliai a Sandra di aspettare a gettare la spugna. Fino ad allora aveva solo provato a cambiare la situazione appellandosi agli altri. Aveva parlato parecchio, e senza dubbio parlare può essere molto efficace. Purtroppo, però, ci sono anche situazioni nelle quali le parole sono solo fumo. Questo vale soprattutto quando le persone non hanno alcuna voglia di cambiare abitudini. Sono proprio loro a fare orecchie da mercante: gli appelli entrano da una parte ed escono subito dall'altra, senza lasciare praticamente traccia. Limitarsi a parlare non basta.

Sandra aveva bisogno di un metodo più efficace, ossia di un piano concreto. Un piano dei lavori di casa, da appendere ben visibile alla parete. Vi sarebbero state riportate in chiare lettere le varie pulizie da svolgere, i nomi delle persone di turno e gli orari.

*Spesso preghiere e appelli non servono a niente. È meglio un piano concreto con chiari accordi.*

Un piano di questo tipo è meglio di tante parole. Inoltre, è utilissimo per evitare dimenticanze o fraintendimenti del tipo: "Ma io ricordavo una cosa diversa". In aggiunta a un piano delle pulizie di casa di questo tipo è utile anche un regolamento preciso, in modo da prevenire i "furbi". All'interno vi si può stabilire l'eventuale pena per chi non rispetta le regole: potrebbe trattarsi di una multa o di un risarcimento che deve pagare chi non svolge le mansioni previste. Potrebbe suonarvi un po' severa, come soluzione, ma è davvero efficace con le persone che tendono a sottrarsi agli impegni presi.

*Essere coerenti significa anche non accettare scuse.*

All'inizio Sandra aveva avuto dei dubbi sull'ipotesi che i coinquilini avrebbero accettato una programmazione dei lavori di casa. A quel punto, però, non aveva più niente da perdere. Era la sua ultima possibilità per cambiare la situazione, e se non avesse funzionato, lei avrebbe lasciato l'appartamento. Ormai non aveva proprio più voglia di discutere ogni volta per problemi di sporcizia.

## L'arte di perseverare

Affrontò la situazione e fece in modo di indire una riunione generale. Spiegò ai tre coinquilini che stava seriamente pensando di andarsene perché il problema della sporcizia in casa le pesava davvero troppo. Gli altri tre rimasero sconvolti dal suo annuncio. Erano tutti convinti che fosse troppo rigida in merito al problema e promisero per l'ennesima volta che in futuro avrebbero provveduto a tenere la casa più pulita. Sandra approfittò del momento favorevole per chiedere loro se parlassero sul serio. Alla risposta affermativa da parte di tutti e tre, lei li prese in parola e presentò quindi il nuovo regolamento. Si era preparata bene e aveva scritto su un grande foglio i vari lavori di casa. Per ogni inquilino, infine, aveva creato una targhetta con il rispettivo nome.

*Assumete il comando della situazione. Conducete la discussione e stabilite un nuovo regolamento.*

"Questi sono i lavori da fare ogni settimana e qui ci sono i vostri nomi. Vediamo di ripartire il tutto." I coinquilini rimasero spiazzati. Fino a quel momento Sandra non aveva mai proposto niente del genere. In ogni caso, tutti parteciparono alla suddivisione dei ruoli, visto che soli pochi minuti prima avevano promesso di pulire di più. E così fu stabilito un turno a testa per ogni lavoro di casa, dopo di che il programma fu appeso in cucina. Ora lì sopra c'era scritto, nero su bianco, quello che ciascuno doveva fare.

I ragazzi avanzarono qualche protesta poco convinta. Per loro il tutto risultava troppo rigido: in fondo erano studenti e di tanto in tanto avevano le tesine da preparare, per cui i lavori di casa potevano anche aspettare. Agli occhi di Sandra sembrò un tentativo di lasciarsi aperta una possibilità per svicolare di nuovo dagli impegni presi.

Ma lei si era preparata un asso da giocare. Lo tirò fuori in quel momento, ribadendo in tutta calma: "Sì, può capitare che qualcuno salti il suo turno. In quel caso, però, dovrà pagare un'ammenda. E i soldi se li prenderà chi sbrigherà i lavori al suo posto. È solo questione di correttezza. In questo modo, se qualcuno non può fare i lavori, darà modo a qualcun altro di guadagnarsi qualcosa. E se nessuno di noi ha tempo, con i soldi raccolti chiameremo una donna delle pulizie".

Per un attimo rimasero tutti senza parole. Questa multa per le pulizie non svolte aveva toccato il punto debole di tutti gli studenti: il denaro. I tre si resero conto che il tempo delle scuse era ormai terminato. Discussero sul fatto che quella multa sembrava un po' una "cosa da bambini", ma alla fine concordarono. Ed effettivamente, tutti si attennero a quanto previsto dal programma – più o meno.

*Tenete sempre presente che gli altri non amano rinunciare alle abitudini consolidate.*

Un happy end? Quasi. Perché in seguito sorsero altri problemi. Ora che Sandra non era più l'unica a occuparsi delle pulizie in casa, emerse subito che gli altri tre, di lavori di quel genere, non si intendevano affatto.

Si discusse a lungo sulla necessità di lavare con acqua e detersivo il pavimento della cucina, anziché limitarsi a passarvi la scopa, o per stabilire dove terminasse un wc e dove iniziassero i tubi di scarico.

Sandra dovette inoltre reprimere l'istinto a intervenire. Lei sapeva come pulire in poco tempo, ma a fondo, ed era costretta ad assistere alle manovre impacciate dei coinquilini. Più di una volta, quindi, fu sul punto di strappare il panno dalle mani dell'altro. Per fortuna alla fine non lo fece, poiché un gesto del genere avrebbe vanificato tutto il regolamento stabilito. Di tanto in tanto dava ai coinquilini qualche consiglio, ma per il resto si limitò a chiudersi in camera sua mentre gli altri facevano i mestieri di casa.

*Lasciate che gli altri svolgano il loro turno. Imparate ad assistere in tutta calma, anziché intervenire.*

## Ripartire i compiti, anziché fare tutto da soli

Forse non tutti i problemi tra coinquilini si possono risolvere come nell'esempio proposto. La storia di Sandra, in ogni caso, fa capire come è bene procedere quando si vuole riorganizzare la situazione. Anziché continuare a occuparvi sempre di tutto, preoccupatevi di ripartire bene i compiti.

Ci sono fasi ben precise che vi aiutano a organizzare una nuova suddivisione dei ruoli con le persone che vi sono accanto. Le ho riassunte nello schema che segue. Passate in rassegna i vari punti e approfittate dei consigli che potrebbero fare al caso vostro.

### Strategia di autoaffermazione: ripartire in modo diverso le varie mansioni

1. **Parlate con gli interessati**
   Organizzate una riunione con tutti i diretti interessati. Spiegate con parole chiare (evitando lamentele e rimproveri) cos'è che non vi va bene della situazione in corso. Fate presenti i cambiamenti che auspicate.
2. **Cercate un regolamento adeguato**
   Può rivelarsi utile per tutti presentare un'idea precisa o un programma per ripartire in maniera più equa le varie mansioni. Non cercate, però, di imporre tale programma in maniera forzata: tutti ci atteniamo più volentieri a patti raggiunti di comune accordo. Preparatevi dunque a lunghe discussioni per cercare insieme agli interessati un nuovo regolamento che risulti corretto e adeguato a tutti.
3. **Sopportate il malumore generale**
   Quando decidete di non fare più lo schiavetto, automaticamente gli altri si ritrovano con più compiti da svolgere. Appare subito evidente che non ne sono felici. Magari all'inizio possono anche ribellarsi e cercare di ripristinare la situazione precedente, per cui preparatevi a dover sopportare musi lunghi e tensioni. L'importante è non permettere che vi facciano recedere dalla posizione assunta. È del tutto normale che le persone brontolino e sbuffino. Ricordate che non siete al mondo per rendere sempre felice chi vi sta intorno.

4. **Testate insieme agli altri le nuove regole**
Lasciate che ora sia il turno degli altri. Non essendosi mai occupati di determinate mansioni, forse non saranno in grado di sbrigarle con la vostra stessa maestria. E proprio qui sarete messi alla prova: dovrete limitarvi a osservare e rinunciare a pretese eccessive. Naturalmente niente vi impedisce di dare qualche buon consiglio, ma per il resto: tenetevi in disparte.
5. **Non fatevi raggirare**
State facendo sul serio con le nuove regole e i nuovi limiti stabiliti? È probabile che chi vi è intorno cerchi di accertarsene. Qualcuno potrebbe non fare quello che deve o non attenersi agli accordi prestabiliti: nessuno lava i piatti, nessuno va a prendere la bambina all'asilo, nessuno si ricorda di redigere il verbale... E per tutto sembra esserci un'ottima scusa. Vi raccontano storie drammatiche che creano ostacoli insormontabili. Quanto siete capaci di restare sulla posizione presa? O, in altre parole, quanto si riesce a raggirarvi con le giuste parole o una storia convincente? Superate la prova dimostrandovi capaci di attribuire la responsabilità al diretto interessato. Fategli capire bene: "L'accordo è questo. Il modo in cui lo rispetti a me non interessa". Punto. Rimanete fermi su quanto stabilito. Così facendo, dimostrate di prendere sul serio sia voi stessi che l'altro.

Dire no e stabilire determinati limiti è una cosa, mantenersi determinati è un'altra. La prossima strategia di autoaffermazione si occupa proprio di questo. Riguarda la caparbietà, la capacità di difendere con grinta e fermezza quanto ritenete giusto, senza bisogno di agitarvi o di mettervi a urlare. Potrete combinare la determinazione e la costanza con una pacata rilassatezza. Nelle pagine che seguono vi spiego come.

Capitolo 4

# La quarta strategia di autoaffermazione: l'insistenza cortese

Probabilmente ve ne sarete già accorti anche voi: a volte le vostre parole non arrivano proprio. Vi esprimete in modo preciso, con frasi chiare, ma non succede nulla. E questo, nonostante abbiate messo in atto in modo perfetto le tecniche di autoaffermazione apprese. Solo che il vostro interlocutore sembra non essersi accorto proprio di niente. Quanto gli avete detto si è dissolto nell'aria senza alcun effetto.

E adesso che fate? Vi ritirate offesi perché l'altro non vuole sentire quello che avete da dirgli? Andate su tutte le furie e cominciate a sbraitare? No, non avete bisogno di fare niente di tutto ciò. C'è una strategia perché le vostre parole arrivino effettivamente dove devono arrivare. E pure con enfasi. È la strategia dell'insistenza cortese.

## Nessun risultato, nonostante le tecniche?

Il semplice fatto di essere riusciti a pronunciare determinati contenuti non significa ancora che le vostre parole siano effettivamente arrivate a chi avete davanti. L'apparenza potrebbe ingannarvi. Il vostro interlocutore forse dà solo l'impressione di stare a sentirvi: vi guarda, annuisce di tanto in tanto, ma chi ci assicura che stia effettivamente capendo quello che vogliamo da lui? Magari con il pensiero è da tutt'altra parte! In effetti, dal di fuori non è facile riconoscere se la persona alla quale ci rivolgiamo capisce anche quello che stiamo dicendo.

La comunicazione a volte rappresenta un problema. Voi volete farvi valere e comunicate all'altra persona cosa desiderate che faccia. Quello che dite, però, molte volte si scontra con un cervello già intasato.

*Il fatto di aver detto qualcosa non significa per forza che sia stato capito dall'altro.*

Appena avete cominciato a pronunciare le vostre frasi, magari, l'interlocutore si è messo a pensare a che ora intendeva fare la pausa pranzo e se andarsi a prendere una bella pizza. E a quel punto voi avete avanzato la vostra richiesta o la vostra proposta. Mentre continuavate a parlare, lui ha pensato che era meglio lasciar perdere la pizza, visto che la sera stessa era invitato a mangiare fuori. E quindi non doveva dimenticare di comprare dei fiori per la padrona di casa. E poi aveva riflettuto dove andare a comprarli e se aveva abbastanza benzina nel serbatoio dell'auto.

Nel frattempo dalla vostra bocca sono uscite un sacco di parole – parole che purtroppo sono passate davanti a quel cervello intasato senza lasciare alcuna traccia. Tuttavia, poiché il vostro interlocutore è una persona di tatto, per tutto il tempo vi ha guardato dimostrandosi interessato, annuendo di tanto in tanto, ma pensando che il serbatoio dell'auto doveva essere ancora pieno a metà.

Dopo uno scambio di questo tipo potete tranquillamente avere l'impressione di essere riusciti a imporvi come desideravate. Probabilmente avete davvero fatto tutto come dovevate. Peccato solo che nessuno se ne sia accorto.

*Se qualcuno vi guarda interessato e annuisce, non significa per forza che vi stia anche a sentire.*

No, la persona con cui avete parlato non è un dispettoso che prima vi fa pronunciare tutto il discorso fingendo di essere d'accordo, per poi non ricordarsi niente. La questione è molto più semplice: quello che avete detto non è mai arrivato dall'altra parte. Non ha avuto modo di accedere ai meandri cerebrali già intasati del vostro interlocutore. Questo è uno dei motivi per cui avete bisogno della strategia dell'insistenza cortese.

## Perché è importante ripetersi

Con l'insistenza cortese rafforzate l'effetto delle tre strategie presentate nei capitoli precedenti. Qualsiasi cosa diciate al vostro interlocutore, siate pronti a ripeterla più e più volte. Senza alzare la voce e senza agitarvi. Semplicemente, ripetete il messaggio una volta e un'altra ancora. E se c'è bisogno, di nuovo. In modo rilassato e disinvolto.

La strategia dell'insistenza cortese vi permette di:

- imporre le vostre richieste o i vostri no;
- risultare energici senza bisogno di agitarsi;
- controllare il filo del discorso;
- evitare in modo efficace di essere manipolati o sottoposti a pressione;
- avere la meglio anche su altre persone ostinate e caparbie.

I pubblicitari sono grandi esperti di comunicazione e sanno come far arrivare il messaggio dall'altra parte, vale a dire al cliente. Nessuna azienda investirebbe soldi in uno spot pubblicitario per mandarlo in televisione una volta sola. No, lo spot va ripetuto di continuo. In contemporanea, inoltre, il medesimo messaggio viene riportato sulle pagine delle riviste e su più manifesti possibili. Gli esperti di pubblicità sanno che per arrivare al cliente il messaggio deve essere ripetuto di continuo. Più avviene, meglio è. Solo così c'è la possibilità che l'informazione trovi spazio e si radichi nella mente già sovraccarica del consumatore. Si tratta di una forma di insistenza e perseveranza che avete modo di constatare ogni giorno.

*Siete circondati costantemente dall'insistenza. Come potete combatterla? Diventando insistenti a vostra volta.*

Se riflettete un attimo, vi rendete subito conto che ogni giorno siete circondati da forme di insistenza. Persone, aziende e mezzi di comunicazione sono molto caparbi nel perseguire il loro intento. Cercano di convincervi, vi inondano di offerte e provano in tutti i modi a catturare la vostra attenzione. Di continuo.

Se osservate attentamente, potete constatare che anche i vostri figli sono alquanto insistenti e perseveranti. Lo stesso vale per i colleghi di lavoro che chiedono favori, nonché per i parenti che raccontano le stesse storie di continuo.

C'è un modo semplice per liberarvi di tutto questo: imparate anche voi a perseverare. Datevi da fare per ottenere quello che volete dimostrandovi caparbi e ostinati.

## L'insistenza tipica del mondo degli affari

Sono ormai passati dieci anni da quando feci un'interessante esperienza durante la pausa di uno dei miei seminari sulla comunicazione. Fu un breve dialogo tra me e uno dei partecipanti. In realtà fu più di una chiacchierata superficiale, pur durando meno di cinque minuti. Mi insegnò, tuttavia, che l'insistenza è davvero indispensabile per imparare a non farsi mettere i piedi in testa. In quell'occasione stavo tenendo un corso per dirigenti di una grande azienda. I partecipanti erano prevalentemente uomini. Uno di loro, di una certa età, durante la pausa mi si avvicinò e mi raccontò quanto gli risultasse difficile trovare dei sostituti per posti di lavoro vacanti. In quel momento doveva trovare il candidato adatto per sostituire un direttore di filiale. In realtà aveva già una candidata con tutte le carte in regola, ma non ne era convinto al cento per cento. Gliene chiesi il motivo, e la sua risposta mi rimase per sempre impressa.

*Con l'insistenza cortese rafforzate le altre tecniche di autoaffermazione.*

"Conosco già da tempo quella persona e devo ammettere che è praticamente perfetta per il posto. Ha tutti requisiti necessari ed è interessata," mi spiegò.

"Quindi, dov'è il problema?" gli chiesi io.

Lui rispose: "Ho avuto con lei un colloquio e al termine le ho detto che non l'avrei presa. Le ho detto che per quella posizione non era propria adatta. E sa cos'ha fatto lei? Se n'è andata. È uscita dal mio ufficio senza dire una parola. Non penso proprio che sia la persona giusta".

*Con la vostra insistenza dimostrate all'altro reale interesse da parte vostra.*

A sentire quelle parole, mi irritai. Ma come, quella signora era la persona adatta, eppure lui l'ha rifiutata? Cosa significava tutto ciò?

Chiesi quindi di nuovo: "Be'... Lei le ha detto no e la signora se n'è andata senza una parola. Cos'altro avrebbe dovuto fare?". Lui sgranò gli occhi e mi fissò come se avessi parlato in turco.

"Cosa avrebbe dovuto fare? Lottare, ovviamente! Avrebbe dovuto dirmene quattro e convincermi in tutti i modi!" E scosse il capo. "Invece lei che ha fatto? Niente! Ha lasciato perdere ed è sparita."

Volevo aggiungere qualcosa ma lui mi precedette: "Con chi pensa che si ritroverà ad avere a che fare, più avanti, come capo filiale? Quelli che lavorano lì sono vecchie volpi, non si faranno certo mettere i piedi in testa. E i clienti, soprattutto quelli importanti, sono davvero teste dure. Con loro ci vuole un capo che sappia il fatto suo. Qualcuno che non si lasci abbattere dalle prime difficoltà".

*Non arrendetevi subito appena l'altro vi dice no.*

"Quindi il rifiuto da parte sua era una sorta di test?" gli domandai.

Lui negò: "Cosa significa test? Io ho bisogno di qualcuno deciso e determinato. Qualcuno che non molla. Lei, invece, se n'è andata senza una parola. È davvero una donna senza grinta".

## Davanti a un no si comincia a trattare

"Un no è un no: si deve accettare e basta." Per favore, dimenticate questa frase. Soprattutto se volete dire la vostra in questo mondo degli affari ancora oggi dominato da uomini. Lì un no significa solo una cosa: da adesso si comincia davvero a fare sul serio. Da ora si fa sentire la propria voce, si tratta e non si butta facilmente la spugna. Se non siete caparbi e ostinati, quello non è il vostro posto.

Fra l'altro, può benissimo capitare che nel mondo del lavoro, dove gli uomini hanno sempre la meglio, il vostro no non venga accettato subito. Non stupitevi, quindi, nel vedere che il limite da voi posto non viene rispettato.

*Se non vi dimostrate insistenti e caparbi non riuscirete mai ad affermarvi nel mondo del lavoro.*

Al contrario, è importante non arrendersi subito di fronte a un rifiuto. Abituatevi a considerarlo una risposta temporanea. Se quel no rappresenta davvero una decisione definitiva, lo scoprirete solo dopo aver insistito oltre.

Il capo non ha tempo per parlare con voi. Bene, allora dimostrategli quanto siete determinati a fissare comunque un appuntamento. La vostra proposta è stata ignorata? Ripetetela. E poi ripetetela ancora. E se non basta, inviate dei promemoria o cantatela ad alta voce mentre attraversate il corridoio dell'ufficio. Volete occuparvi di altri incarichi, ma purtroppo sono già tutti assegnati? Non mollate e approfittate dell'occasione per allenare la vostra perseveranza.

## L'ostinazione tipica di ogni bambino

Quanto ci si possa dimostrare ostinati e perseveranti ve lo dimostra molto bene un bambino di cinque anni. I bambini piccoli non hanno molte possibilità per imporsi di fronte al potere degli adulti, ma in compenso sanno perseverare. Riescono a ripetere ostinatamente la stessa cosa all'infinito. Ogni bambino conosce questa strategia e se avete figli sapete bene di cosa sto parlando.

Nessuna paura, però: non dovete comportarvi come un bambino di cinque anni. In questo manuale vi presento soprattutto strategie di comunicazione comprovate a livello psicologico. Per farvi valere in un mondo di adulti avete bisogno di un linguaggio adulto. Un bambino di cinque anni, tuttavia, può aiutarvi a comprendere le basi della perseveranza.

*Sapete già quanto si possa essere ostinati. Ci riuscivate bene quando avevate cinque anni.*

Quando avevate quell'età riuscivate benissimo a dimostrarvi caparbi e risoluti. Sapevate come fare, senza bisogno di alcun manuale o di iscrivervi a un corso. Se provate a ricordarlo, praticamente avete già interiorizzato questa strategia di autoaffermazione. Ora vi riporterò un esempio che vi dimostra come questa semplice forma di insistenza si riveli efficace all'interno di un dialogo.

## Chi la dura, la vince

Mancavano ancora sei mesi a Natale e anche al supermercato all'angolo erano già in vendita giocattoli di ogni tipo. Quella settimana c'erano in offerta i peluche. In un grande bancone per l'occasione erano esposti coniglietti, gattini e cagnolini, tutti morbidissimi e sorridenti – e a portata di bimbo.

Sentii Alice già in lontananza. La sua voce limpida e cristallina riempiva tutto il supermercato. La piccola, di quasi cinque anni, viveva con i genitori in una delle villette accanto. Mentre spingevo il carrello tra i reparti, la sentii implorare la madre: "Mamma, guarda! Un coniglietto! Ho trovato un coniglietto!". La madre, poco distante, le gridò in risposta: "Lascialo lì e vieni qui!". Poco dopo sentii di nuovo la bambina esclamare: "Senti, mamma, com'è morbido". Evidentemente aveva ancora il coniglietto in mano. Spinsi il mio carrello verso il reparto frutta e verdura e lì trovai entrambe.

*L'insistenza è una forma di potere.*

Mentre valutava le mele, la madre disse alla piccola: "Vieni, tesoro. Metti giù il coniglietto. Ne hai già tanti, di peluche, a casa. Te ne ha regalato uno anche la nonna a Pasqua".

Le parole della signora, però, non sembrarono impressionare la piccola: "No, mamma. Un coniglietto così non ce l'ho. Questo è marrone, quello della nonna è bianco. Io voglio questo qui marrone!".

La madre, però, con il carrello era già al reparto successivo: "No, Alice, niente coniglietto! Lascialo giù e vieni qui!".

E a quel punto Alice dimostrò a tutti i clienti del supermercato come si può essere ostinati e caparbi nel modo più classico.

"Mamma, solo questo coniglietto... per favore!!"

"Ti ho detto no!"

*Per insistere non avete bisogno di motivazioni. Insistete e basta.*

"Ma mamma, il coniglietto qui è tutto solo! Voglio portarlo a casa da noi."

La madre le si avvicinò abbastanza indispettita. "Ho detto no, ed è no! Mettilo giù adesso e vieni con me!"

La voce di Alice a quel punto si fece piagnucolosa. "Si chiama Nicki. E Nicki vuole stare con me."

Ora era di nuovo il turno della signora. Dalla voce sembrava nervosa: "No, niente da fare. Ti ho detto di metterlo giù!".

"Ma Nicki è tutto solo!" protestò la piccola facendosi sentire in tutto il supermercato.

La mamma provò a farla ragionare. "Hai davvero già troppi peluche. Bastano quelli. Non c'è più nemmeno spazio, sul tuo letto."

Ma il suo tono non suonava più così deciso come all'inizio.

"Mamma, voglio ancora questo e poi basta," le rispose Alice.

Profondo sospiro da parte della madre: "Con te non si può proprio fare la spesa! Ma questo è davvero l'ultimo! Non ce ne saranno altri. Nemmeno a Natale".

"Oh, che bello! Nicky, tu resti con me!" esultò la bimba al colmo della gioia.

La madre mormorò qualcosa del tipo: "... e ce l'ha fatta anche stavolta".

No, per il momento Alice non aveva bisogno di seminari sull'autoaffermazione.

Sua madre, invece... a quanto pare sì.

## Il permesso di essere ostinati

L'ostinazione è qualcosa che i bambini già conoscono, ma gli adulti hanno disimparato. Crescendo, in molti di noi la capacità di dimostrarsi caparbi e determinati si atrofizza.

A mano a mano che diventiamo grandi, l'ostinazione originale viene sostituita dalla buona educazione. Da piccoli abbiamo imparato ad adeguarci e a ubbidire. Abbiamo imparato a essere bravi ed educati. E che non si deve rispondere male o fare i capricci, se non si vuole dare sui nervi.

*Avete il diritto di difendere caparbiamente le vostre intenzioni.*

Più si è imparato a diventare bambini educati, più l'ostinazione e la caparbietà sono state relegate in secondo piano. Per questo a molti adulti riesce difficile continuare a difendere la propria posizione, mentre discutono con qualcuno. Sotto sotto si teme ancora di essere rimproverati e puniti per la propria ostinazione.

La strategia dell'insistenza cortese non prevede di comportarsi da maleducati o di risultare sfacciati. Fondamentalmente si tratta solo di ripetersi, ossia dire più volte la stessa cosa. Più e più volte. Dimostrarsi più ostinati dell'altro, senza bisogno di attaccarlo o di perdere le staffe. Si tratta di un'insistenza cortese, che non esaspera i toni.

## Non lasciate che l'altro si sbarazzi di voi

Voglio presentarvi subito l'abbiccì dell'insistenza cortese. Questa strategia di autoaffermazione può esservi d'aiuto soprattutto quando l'interlocutore cerca di sbarazzarsi di voi. Potete riconoscere prontamente tale intenzione da parte sua nel corso della conversazione: lui non affronterà direttamente l'argomento che vi sta a cuore, ma vi proporrà quelle che io chiamo le "formule standard di rifiuto". Si tratta di obiezioni di carattere generale che suonano più o meno così:

"Non è possibile".

"No, non abbiamo mai fatto così."

"Non esiste proprio."

"Non servirà a niente."

Rifiuti di questo tipo li potete sentire ogniqualvolta qualcuno cerca di evitare di affrontare più da vicino i vostri desideri e richieste. Può capitare, per esempio, all'interno di un negozio quando voi avanzate un reclamo o desiderate effettuare un cambio; oppure, quando chiedete se è possibile avere uno sconto. O ancora, quando chiedete ai vostri figli di aiutarvi nei lavori di casa.

*Un dialogo vero e proprio inizia spesso dopo che voi avete dimostrato sufficiente caparbietà e ostinazione.*

È importante non arrendersi subito, appena l'altro avanza le formule standard di rifiuto. Ricordate che si tratta solo di una semplice tattica con la quale cerca di liquidarvi il prima possibile, nella speranza che voi cediate al primo colpo. Spesso il dialogo vero e proprio inizia solo *dopo* che l'interlocutore ha esposto tutte le formule standard di rifiuto e voi siete ancora lì. Con la strategia dell'insistenza cortese qui di seguito descritta potete replicare con totale pacatezza ai tentativi da parte dell'altro di liquidarvi in quattro e quattr'otto.

STRATEGIA DI AUTOAFFERMAZIONE: L'ABBICCÌ DELL'INSISTENZA CORTESE

1. **Stabilite dapprima quello che volete esattamente**
   Prima di iniziare il dialogo, riflettete bene su quello che volete e intendete richiedere (incluso il dire no). Valutatene

anche le motivazioni alla base, ossia: *perché* volete quello che volete. Due o tre motivi sono già sufficienti.

2. **Esprimete chiaramente il vostro desiderio**
   Assumete il contegno fiero e maestoso e indossate lo scudo protettivo. Dite quello che volete in poche, brevi frasi. (Per farlo, rileggete le indicazioni del secondo e terzo capitolo.)
3. **Prestate attentamente ascolto alla risposta dell'altro**
   Se la vostra richiesta viene rifiutata, potete reagire con l'abbiccì dell'insistenza. Consiste in tre frasi da pronunciare di seguito:
   a. Ripetete brevemente, in una frase, quello che il vostro interlocutore ha detto, in modo da dimostrargli di avergli prestato ascolto. Per esempio: "Quindi lei intende dire..." (e riportate quanto ha detto, riassumendolo in una frase).
   b. Subito dopo ripetete la vostra richiesta. Questa è la vostra "dichiarazione di volontà", che costituisce anche il nucleo di questa strategia. "E io vorrei..." (e riassumete la vostra richiesta in una frase).
   c. Nella terza frase motivate la vostra richiesta. Per esempio: "Vorrei questo, perché..." (e aggiungete la motivazione). Adducete sempre un unico motivo per ogni tentativo che fate. Se poi non ne trovate altri, non è un problema: ricominciate con il primo.
4. **Dimostratevi cocciuti, finché anche l'altro lo è**
   Se il vostro interlocutore a questo punto continua a rifiutare, insistete un'altra volta, seguendo di nuovo lo schema in tre fasi: ripetete brevemente la sua opinione per dimostrargli di averlo ascoltato (A), poi aggiungete la vostra dichiarazione di volontà (B) e infine motivate la richiesta (C).
5. **Tenete duro, anziché agitarvi**
   Questo abbiccì dell'insistenza cortese potete adottarlo ogniqualvolta lo ritenete necessario. Sospendetelo solo nel momento in cui l'altro modifica il suo atteggiamento di rifiuto e inizia a occuparsi effettivamente della vostra richiesta, oppure quando vi stufate e vi rendete conto di non ottenere molto con questa tattica.

## La battaglia pacifica per i propri interessi

Desidero dimostrarvi con un esempio come funziona nella pratica questo abbiccì dell'insistenza cortese. La situazione di partenza è la seguente: il dipendente di un'azienda vorrebbe frequentare in estate un corso di aggiornamento. Fino a quel momento il suo capo è sempre riuscito a scansare la richiesta. Ora l'impiegato ci riprova adottando l'abbiccì dell'insistenza. Osservate attentamente come il superiore ricorra alle formule standard di rifiuto e come, nonostante questo, l'altro rimanga saldo nel suo intento.

*Con l'insistenza cortese non attaccate l'altro, ma vi dimostrate determinati nell'ottenere quanto desiderate.*

Dipendente: "Scusi se la disturbo ancora, ma si tratta sempre del corso di aggiornamento come consulente alla clientela. Ne abbiamo già parlato la settimana scorsa e le avevo fatto avere il programma".

Capo: "Sì, e io cosa le avevo risposto? Per quanto mi ricordo, non ero d'accordo".

Dipendente: "Per questo volevo parlare ancora con lei".

Capo: "Mi spiace, ora non ho tempo. Tra dieci minuti arrivano clienti importanti".

Dipendente: "Sì, lo so che ora non ha tempo per parlare con me (A = ripetere quello che l'altro ha detto). Mi piacerebbe molto poter frequentare il corso di aggiornamento come consulente alla clientela che si terrà a luglio (B = dichiarazione di volontà). Ci sarebbe così il vantaggio di avere almeno una persona che ha svolto l'aggiornamento all'interno del nostro reparto (C = motivazione)".

Capo: "E come pensa di fare, nella pratica? Il tutto si terrà a luglio. Lei vuole fare un corso proprio nel periodo delle ferie. Devo forse chiudere il negozio?".

*Non avete bisogno di attaccare l'opinione dell'altro per farvi valere.*

Dipendente: "Certo, ci si dovrà organizzare con i turni per le ferie (A). Mi piacerebbe frequentarlo (B) perché abbiamo già deciso da tempo di migliorare il rapporto con la clientela. Potrei ricavarne spunti utili per tutto il nostro reparto (C)".

Capo: "Questo me l'ha già detto. Ho capito quello che vuole. Il fatto, però, è che questi corsi non portano nessun vantaggio concreto per l'azienda. È tutto solo molto teorico".

Dipendente: "Lei pensa che questi corsi non servano a niente (A). Io invece sono convinto che siano molto utili e mi piacerebbe davvero partecipare (B)...".

Il capo lo interrompe: "... e a spese dell'azienda, immagino. Spero che sappia, però, che ormai non ci sono più tanti fondi a disposizione per simili aggiornamenti. Ormai si è tagliato anche su questo. Non ci speri più di tanto, quindi".

*Con l'insistenza cortese dimostrate di essere determinati e di sapere il fatto vostro.*

Dipendente: "Potrebbe quindi essere che per il mio corso non ci siano più soldi a disposizione? (A) Per me è davvero importante (B). Sono già due anni che cerco di parteciparvi, ma non ci sono ancora riuscito perché c'è stata la ristrutturazione generale. Per questo stavolta ci terrei davvero, a farlo (C)".

Capo: "Ho capito, ho capito! Santo cielo, quante volte ha intenzione di ripetermelo ancora? Non è facile farle cambiare idea, eh?". E a quel punto si alza. "Okay, non posso prometterle niente, ma vedrò cosa posso fare per lei. Parlerò con l'ufficio del personale. Ma non si faccia illusioni."

Dipendente: "Okay, grazie! Va bene se lunedì la ricontatto?".

Capo: "Sì, mi contatti pure. Ma adesso ho davvero un appuntamento importante".

Solo dopo aver esaurito tutte le formule standard di rifiuto, il capo ha cambiato atteggiamento. Solo a quel punto era disposto a valutare la proposta del dipendente. Alla fine non si è ottenuto un sì definitivo, ma nemmeno più un no. Qualcosa si era mosso.

*Che qualcosa sia possibile o meno, lo scoprite solo dopo aver insistito per un po'.*

Per tutto il corso del dialogo il dipendente non ha mai attaccato nemmeno una delle argomentazioni del capo. Ha semplicemente ripetuto la propria opinione con parole proprie, aggiungendovi la richiesta e la relativa motivazione. Non si è trattato di una controargomentazione, ma di semplice insistenza infiocchettata con maestria.

Naturalmente il capo ha notato che il dipendente si è ripetuto più volte. Alla fine, però, quelle ripetizioni si sono rivelate efficaci: hanno dimostrato che il tipo non butta la spugna di fronte al primo rifiuto, e nemmeno al secondo o al terzo. Ha continuato a difendere la sua posizione e, così facendo, è riuscito almeno a indebolire un po' il fronte del no.

## Domande frequenti sulla strategia di autoaffermazione: "l'insistenza cortese"

*"Fino a quanto si dovrebbe insistere con questa tecnica, nel corso di un colloquio?"*

In linea di principio continuate a insistere finché il vostro interlocutore si rende conto che tutte le sue controargomentazioni non sono sufficienti a farvi cambiare idea. Finché capisce che i suoi artifici retorici su di voi non fanno presa. Potrebbe volerci un tempo diverso a seconda dei casi. Alcune persone possono avere solo due o tre obiezioni da avanzare, altre invece molte di più, per cui con queste dovrete insistere più a lungo prima di notare qualche cambiamento.

*Siate più perseveranti del vostro interlocutore.*

Se l'altro si rende conto che siete irremovibili, vi capiterà probabilmente di sentire frasi del tipo:

"Certo che lei è una bella testa dura!".

"Ti ripeti in continuazione. Perché diavolo insisti tanto?!"

"Sì, me l'ha già ripetuto mille volte!"

A questo punto il vostro interlocutore ha capito che siete una persona tenace. Confermategli l'impressione dicendogli qualcosa del tipo: "Sì, è così. Per me è davvero importante".

Smettete di insistere quando l'altro modifica il suo comportamento, vale a dire quando smette di addurre ulteriori obiezioni e, invece, accenna a una possibile soluzione. Ora, infatti, potete davvero iniziare a dialogare con lui sulla questione, senza più bisogno di insistere. Riassumendo: quando l'altro smette di dimostrarsi così ostinato, anche voi potete smettere di farlo e tornare a parlargli "normalmente".

*Smettete di insistere quando si prospetta una soluzione all'orizzonte.*

*"Cosa faccio, però, se l'altro è tanto ostinato quanto me?"*

Se entrambe le parti si dimostrano irremovibili, il dialogo potrebbe prolungarsi all'infinito senza che si giunga ad alcun risultato. Questo significherebbe uno spreco di tempo e di energia.

Nel caso in cui il vostro interlocutore si dimostrasse altrettanto caparbio, sarà utile dimostrarsi curiosi. Chiedetegli se per caso ha letto anche lui questo manuale o in che altro modo ha imparato a insistere con tanta determinazione.

Infine, limitatevi a constatare che continuare così non servirà più a molto, se non ad allenarvi ulteriormente in questa tecnica di autoaffermazione. A questo punto potete porre fine di buon animo alla conversazione. Se volevate dire no, rimanete sulla vostra posizione. Se invece volevate ottenere qualcosa dall'altro, rassegnatevi al fatto che nonostante vi siate dimostrati caparbi e determinati, non siete riusciti nel vostro intento. Anche ora, in ogni caso, avete la possibilità di ricavare qualcosa di utile dalla situazione: nel secondo capitolo di questo libro ho descritto una strategia che vi aiuta ad accettare un no. Ora potrebbe tornarvi utile.

*Il vostro interlocutore ha il diritto di essere altrettanto tenace.*

*"La mia insistenza non rischia di innervosire l'altro?"*

Forse. Non potete prevedere con sicurezza come reagirà il vostro interlocutore. Ricordate comunque che non state facendo niente di male, né lo state attaccando. Siete semplicemente ostinati. Nel mondo degli affari questa capacità di perseverare è indice di impegno ed efficienza. Vi sono quindi buone probabilità che l'altro rispetti o addirittura ammiri questa vostra caparbietà.

*Non dovete per forza adeguarvi alle esigenze degli altri. Non c'è niente di male se pensano che siete una persona complicata.*

Naturalmente può anche capitare che chi vi sta davanti si stufi di dovervi dedicare tanto tempo e constatare che i consueti stratagemmi per liberarsi degli scocciatori con voi non funzionano. Sì, ha tutto il diritto di sentirsi infastidito.

In ultima analisi spetta a voi stabilire quanto intendete insistere – o, in altre parole, quanto volete rischiare di creare tensione per realizzare i vostri intenti. No, non dovete arrivare al punto di trovarvi davanti una persona paonazza di rabbia e con il fumo che le esce dalle orecchie.

Se vi accorgete che l'atmosfera comincia a farsi tesa, può essere utile ricorrere a frasi del tipo: "Non è mia intenzione farla innervosire", oppure: "Non voglio crearle fastidi, ma la questione per me è davvero importante".

*Siate furbi. Cercate di capire bene fino a che punto potete continuare a insistere.*

Inoltre potete attenuare l'insistenza lasciando passare un po' più di tempo tra un "tentativo" e l'altro. Parlate in modo del tutto normale in quegli intervalli, avanzate qualche argomentazione a vostro favore e poi ripetete la procedura sopra descritta. Così facendo l'insistenza da parte vostra non risulterà troppo fastidiosa.

Per concludere, potete suggerire all'interlocutore il modo per risparmiarsi fastidi e irritazioni: gli basterebbe fare quello che gli chiedete di fare, dopo di che lo lascerete in pace.

## Come reagire in modo pacato ai commenti personali

Con l'abbiccì dell'insistenza cortese potete riuscire a dire la vostra anche in merito ai commenti personali del prossimo. Molto spesso le battute velenose o le osservazioni stupide sono un segnale del fatto che chi avete di fronte vi ritiene troppo forte rispetto a lui. Si sente inferiore nei vostri confronti e cerca di equilibrare la situazione lanciando una frecciatina. Lasciandovi provocare, vi dimostrate fin da subito perdenti. Non importa, infatti, quanto siate pronti a ribattere: l'altro vi ha coinvolti in un discorso che a voi non interessava affatto. Ora, infatti, siete concentrati su quello stupido commento e lontani dal vostro intento primario. Ed era proprio questo lo scopo della punzecchiatura: distrarvi dal vostro intento e, in più, innervosirvi a livello emozionale. Se ora cominciate anche voi a sputare veleno e vi abbassate al livello dell'altro, rischiate un litigio. E a quel punto perdete definitivamente di vista quello che volevate all'inizio.

*Attenzione! Spesso le battute idiote hanno il solo scopo di distrarvi dal vostro intento.*

Con l'abbiccì dell'insistenza cortese potete replicare in tono pacato a qualsiasi punzecchiatura, persistendo nel vostro intento ed evitando di lasciarvi coinvolgere dai commenti strambi dell'altro. Come funziona il tutto nella pratica lo dimostra l'esempio che segue.

*Potete rifiutarvi con accanimento di replicare a un commento idiota.*

Si tratta di due colleghe che condividono l'ufficio. Una delle due, Anne, voleva tenere un po' più a distanza l'altra, per niente amante dell'ordine come lei. Sulla sua scrivania, infatti, regnava sempre un bel caos, e poiché tendeva a lavorare con ritmi frenetici, aveva preso l'abitudine di rovistare nei cassetti di Anne ogni volta che le serviva qualcosa. Se per esempio non trovava le graffette, non ci pensava due volte a cercarle dalla collega. Lo stesso valeva per buste, penne, varie ed eventuali. Una volta, trovando in uno dei cassetti l'agenda di Anne, le aveva chiesto: "E questa cos'è, la tua agenda? Che ci scrivi?". Anne non aveva gradito assolutamente la cosa. Non le piaceva affatto che l'altra ficcasse il naso nei suoi cassetti e si servisse del materiale che trovava senza nemmeno chiederle il permesso. Aveva già provato a farglielo presente, ma l'altra l'aveva liquidata con un "Sì, sì..." per poi continuare con quella cattiva abitudine.

Ora Anne, decisa a fare sul serio, aveva pensato di adottare la strategia dell'insistenza cortese. La collega, come suo solito, per tutta risposta le aveva lanciato delle frecciatine, ma Anne non ci aveva fatto caso e con l'aiuto della strategia era riuscita a perseverare nel suo intento, senza bisogno di litigare.

Aveva detto: "Ascolta, ho una richiesta da farti. Ho notato che tu, senza chiedere niente a nessuno, prendi spesso del materiale dalla mia scrivania. È una cosa che non gradisco. Chiedimi prima il permesso, d'ora in avanti".

*Non siete obbligati ad accettare solo perché qualcuno vi propone di litigare.*

La collega: "Come? Non capisco. Perché dovrei chiedertelo? In fondo lavoriamo insieme. Non ho intenzione di fare una richiesta su carta bollata ogni volta che ho bisogno di una graffetta".

Anne: "Non vuoi perdere tempo, posso capirlo (A). Ma io vorrei che tu mi chiedessi il permesso, prima di prendere qualcosa dalla mia scrivania (B), perché non mi piace che ti metti a frugare nei miei cassetti (C)".

Collega: "Sai perché non ti piace? Perché tu vuoi sempre avere il controllo su tutto. Sei una maniaca del controllo. Le persone come te tengono sempre il piede in cento scarpe e amano comandare gli altri. Sicuramente è qualcosa che ti porti dietro dall'infanzia".

Anne: "Questo è quello che pensi tu. Quello che io ti sto chiedendo, però, per me è davvero importante. Ho messo in ordine per bene tutto il materiale. Se me lo chiedi, ti posso dare subito quello che ti serve. Basta solo che tu me lo chieda".

*La "punizione" più dura per un provocatore è non vedere raccolte le sue provocazioni.*

Collega: "Scusa, ma ti ripeti in continuazione. Volevo solo dirti che la ritengo una cosa infantile e sciocca".

Anne: "Sì, mi ripeto perché non voglio che tu continui a comportarti così. Per favore, chiedimelo, quando ti serve qualcosa, ed evita di frugare subito nei miei cassetti. Mi basta questo".

Collega: "Uffa, che barba! Va bene, allora farò la brava bambina e ti chiederò il permesso. Sei contenta?".

Anne: "Sì. Mi basta semplicemente che tu mi chieda il permesso. Grazie".

## Come rimanere fermi nei propri propositi

La maggior parte delle punzecchiature e dei commenti stupidi ha lo scopo di distrarvi dal vostro intento principale, come nell'esempio di Anne. La collega le aveva detto: "Sei una maniaca del controllo. Le persone come te tengono sempre il piede in cento scarpe e amano comandare gli altri". Per Anne sarebbe stato facile ribattere prontamente, sostenendo di non essere affatto così, o accusando la collega di essere una disordinata cronica. Se lo avesse fatto, però, avrebbe spostato l'attenzione su un altro tema e avrebbe litigato per un argomento che non era il suo. La questione non era capire chi fosse maniaca del controllo e chi caotica, bensì il fatto che la collega doveva smettere di frugare nei suoi cassetti. Era questo il nucleo del discorso, ribadito più e più volte da Anne. Tutte le provocazioni che avrebbero potuto distrarla erano state da lei ignorate grazie alla strategia dell'insistenza cortese.

*Solo mantenendovi rilassati potete condurre il dialogo.*

Non potete impedire all'altro di fare commenti o provocazioni, poiché non siete responsabili del suo comportamento. Quello che fa e dice è solo affar suo. Non esiste alcuna legge, però, che vi obblighi a reagire alle sue provocazioni. Qualsiasi cosa dica il vostro interlocutore, spetta solo a voi decidere se dargli corda, o meno.

*Ignorate gli attacchi dell'altro finché esaurisce le munizioni a disposizione.*

Con la strategia dell'insistenza cortese potete far cadere nel vuoto ogni commento personale. L'altro non riceve alcuna reazione da parte vostra alle provocazioni avanzate. Se anche cerca di farvi innervosire, voi proseguite con calma e pacatezza nel vostro intento e dovete continuare a farlo finché rimarrà privo di munizioni. Solo quando si renderà conto chiaramente che voi non avete alcuna voglia di litigare, esiste una probabilità reale che il dialogo prenda un'altra direzione. A quel punto, infatti, l'altra persona avrà ormai capito che siete irremovibili e più che mai determinati a ottenere quello che volete.

Questa strategia di autoaffermazione ha anche un altro grosso vantaggio: mentre perseverate, vi comportate anche in modo corretto. Da voi non arrivano critiche o stupidi commenti; non vi lasciate scappare frecciatine offensive. E poiché non attaccate l'altro, lui può venirvi incontro senza sentirsi un perdente. Non lo avete mortificato o addirittura umiliato. In altre parole: non avete avvelenato il vostro rapporto nel corso di quel dialogo. Questo lascia aperta la strada per riuscire a trovare un accordo sull'argomento in questione.

*Finché non attaccate il vostro interlocutore, lui può venirvi incontro senza perdere la faccia.*

Ora vi illustro la strategia che vi insegna ad affrontare pacati e sereni commenti irritanti e frecciatine ironiche.

### Strategia di autoaffermazione: come far cadere le provocazioni nel vuoto

1. **Assumete il contegno fiero e regale**
   Se il vostro interlocutore comincia a fare qualche commento indesiderato o a provocarvi, controllate prima di tutto di aver assunto il contegno fiero e regale. Che siate seduti, o in piedi, raddrizzate la schiena, aprite le spalle e lasciatele morbide. Guardate l'altra persona negli occhi. Respirate con calma e in profondità. Indossate lo scudo protettivo.
2. **Non commentate la provocazione**
   Sfruttate l'abbiccì dell'insistenza cortese per annullare l'effetto dell'osservazione sgradevole, evitando di commentarne il contenuto. Non passate sulla difensiva e non attaccate a vostra volta l'interlocutore. Potete anche ripetere la sua battuta (A), meglio ancora aggiungendo il commento neutrale: "Questo è quello che pensi tu", oppure: "Lei la vede così, io in un altro modo". Questo è più che sufficiente. Poi segue immediatamente la vostra dichiarazione di volontà (B) e quindi la motivazione (C).
3. **Non replicate a domande idiote, ma ripetete la vostra richiesta**
   Se l'interlocutore ripete l'osservazione sgradevole, non siete obbligati a replicare. Potete semplicemente aggiungere: "Ci rifletterò su", per poi ripetere la vostra dichiarazione di volontà. È quest'ultima la cosa più importante per voi. Con la vostra dichiarazione di volontà riportate ogni volta la conversazione sulla vostra richiesta.
4. **Perseverate finché l'altro non cambia atteggiamento**
   Con l'insistenza cortese dimostrate all'altro che i suoi commenti critici non hanno alcuna presa su di voi. Dopo un po', probabilmente lui cambierà atteggiamento. A quel punto potete smettere di insistere e provare a trovare insieme a lui una soluzione o un accordo.

## La semplice insistenza per i casi d'emergenza

Vorrei presentarvi un'ultima variante dell'insistenza cortese. Questa variante consiste semplicemente in un'unica dichiarazione di volontà. Ripeterete di continuo quello che volete o che non volete. Nient'altro. Nessuna comprensione per la persona che avete davanti, né giustificazioni varie: solo una frase che ripeterete di continuo.

Questa forma semplificata dell'insistenza cortese vi è utile ogni volta che nel corso di un dialogo vi ritrovate con le spalle al muro – in altre parole, quando non potete difendervi in alcun altro modo. Può capitare, per esempio, quando il vostro spasimante un po' invadente insiste per trasferirsi a vivere con voi. Oppure quando il vostro amico ubriaco fradicio vuole a tutti i costi accompagnarvi a casa in macchina. O, ancora, se qualcuno non vi lascia nemmeno parlare sovrastandovi con la sua abilità retorica. In questi casi di emergenza potete trarvi in salvo con la strategia dell'insistenza cortese condensata in una frase. Ripetete solo la vostra dichiarazione di volontà, senza aggiungere altro. Con l'aiuto dell'esempio che segue vi faccio capire come possa funzionare nella realtà di ogni giorno.

*Quando qualcuno cerca di manipolarvi, replicate decisi con un'unica frase.*

## Quando manca la fiducia in se stessi

Se finora avete pensato che io sia una persona con una solida fiducia in sé, ora vi deluderò. No, non sono molto sicura di me stessa e non vado sempre in giro con un contegno fiero e maestoso. A volte mi sento debole e insicura. Mi è capitato anche un giorno in cui ero andata a fare compere in centro.

In quell'occasione la fiducia in me stessa era purtroppo venuta meno. L'avrò dimenticata in uno dei camerini di prova di qualche grande magazzino... Succede molto spesso, quando si prova un paio di pantaloni troppo stretti e ci si guarda allo specchio: una vista di quel genere può annientare anche la più solida delle sicurezze.

All'inizio non mi sono accorta di aver perso fiducia in me. L'ho notato solo una volta arrivata alla fermata dell'autobus. Reggevo due borse della spesa, oltre a una pesante tracolla, quando un ragazzo mi rivolse la parola e mi rifilò in mano un volantino. Evidentemente voleva vendermi qualcosa. In quel momento mi resi conto di sentirmi debole, stanca e affamata. Ero lontana anni luce dal contegno fiero e regale e lo lasciai parlare.

*Attenzione! Siete facile preda di manipolazioni quando la vostra fiducia in voi è scarsa.*

Voleva che mi iscrivessi a un fitness club dei dintorni. Mi accorsi che non era solo. Anche le altre persone che aspettavano come me alla fermata erano state abbordate da altri promoter della palestra. Mormorai una sorta di: "No... non mi interessa...", ma a quel punto il ragazzo era già partito per la tangente. Estrasse un foglio stampato e mi spiegò che dovevo solo mettere una firma per poter provare immediatamente le apparecchiature più moderne nel campo del fitness.

Risposi: "No, grazie. Ho già investito i miei soldi da un'altra parte", ma la mia frase non sortì alcun effetto. Ormai l'altro mi stava sciorinando tutti i vantaggi dell'essere membro di quella palestra. Fra l'altro, un giorno di allenamento mi sarebbe venuto a costare più o meno come una pizza.

"Allora preferisco la pizza," gli spiegai poco convinta. La mia voce suonava completamente priva della sicurezza necessaria, così l'altro continuò a cercare di convincermi.

A quel punto arrivò a dargli manforte anche una ragazza che era già stata scaricata dalle altre persone. Ormai erano in due che cercavano di convincermi. Evidentemente ero la vittima perfetta: troppa poca fiducia in me stessa per difendermi con fermezza e troppe borse pesanti per fuggire via di corsa. Il ragazzo mi chiese come mi chiamassi. I due erano davvero insistenti.

## Basta un'unica frase

Insistenti – quella parola mi suggerì il modo per salvarmi. Mi tornò in mente quello che insegnavo ogni volta nei miei seminari sull'autoaffermazione: quando niente sembra funzionare, ricorrete alla forma più semplice dell'insistenza cortese, vale a dire alla variante in un'unica frase. Ora sapevo come poter uscire da quel vicolo chiuso. E lì cominciò la mia prova di forza:

"No, grazie. Non mi iscrivo in questa palestra". Questa era la mia dichiarazione di volontà e quei due non mi avrebbero sentito pronunciare nient'altro.

*A volte è importante ripetere continuamente il no finché non arriva all'orecchio dell'altro.*

Dopo di che fu il turno della ragazza. Mi spiegò che c'erano corsi per tutte le età e per qualsiasi condizione fisica, oltre a programmi per bruciare i grassi e monitoraggio con cardiofrequenzimetro. Piano piano stavo cominciando a riscaldarmi. Mi sentivo elastica e con la circolazione sanguigna bene in corso. Sì, pensai di ripetere la mia dichiarazione di volontà ancora una volta: "No, grazie. Non mi iscrivo in questa palestra". Sapevo che avrei resistito più a lungo di quei due. Finalmente tornai a sentirmi sicura di me.

La ragazza: "Può disdire l'abbonamento quando vuole. Con questo le offro una prova gratuita".

Io: "No, grazie. Non mi iscrivo in questa palestra".

*Fate capire all'altro che, se necessario, potete perseverare per mesi senza perdere la calma.*

Ripetei la mia dichiarazione di volontà ancora una volta e poi, all'improvviso, fu tutto finito. La ragazza scosse il capo e disse al collega: "Certe persone non sanno proprio cos'è che fa loro bene". Ero pronta a ripetere la frase ancora una volta, ma i due si voltarono dall'altra parte e si allontanarono. Peccato, mi sarebbe piaciuto proseguire ancora per un po'.

Solo più tardi mi resi conto di aver scelto una dichiarazione di volontà un po' troppo lunga. Sarebbero bastate tre parole: "Non mi interessa". Eh be', ormai era andata. Le formule migliori vengono in mente sempre dopo.

## Quello che potete imparare da una segreteria telefonica

Sicuramente vi sarà capitato di telefonare a un'azienda o a un numero verde e di essere costretti ad attendere in linea per diversi minuti. Una voce registrata vi spiega che al momento tutte le linee sono occupate, ma che il prossimo operatore libero sarà felice di rispondere alla vostra chiamata. Nel frattempo sentite della musica. Poi il messaggio registrato si ripete. E di nuovo la musica. E via dicendo. Quanto avete atteso prima di riagganciare il ricevitore?

Un messaggio registrato sulla segreteria telefonica è per sua natura contraddistinto da ostinazione e caparbietà, anche se di norma ha anche un tono cordiale. Potete urlargli contro, minacciarlo o fargli domande a tranello e dalla segreteria vi arriverà sempre la solita risposta (da cui il famoso detto: con una segreteria telefonica non si discute!). Bene, tenete presente che quello che riesce a fare una segreteria, riuscite a farlo anche voi.

Ogni volta che qualcuno vi fa pressione, ricordate che esiste una semplice via d'uscita, che non prevede di mettersi a urlare, né di contrattaccare. Consiste nel rispondere con una frase che esprime quello che volete o che non volete. Ripetetela finché l'altra persona non cede. Potete ricorrere a questa tecnica quando non avete più idea di cos'altro fare.

Senza dubbio la variante in una frase unica dell'insistenza cortese è abbastanza monotona. Non vi fa discutere o argomentare con l'altro, ma solo ripetere la vostra dichiarazione di volontà. È proprio grazie a questa monotonia, però, che il vostro interlocutore si renderà conto abbastanza presto che con voi non ha chance. È proprio questo che rende la strategia tanto efficace.

Aggiungo un consiglio importante: ricorrete con una certa misura a questa strategia. È ideata solo per situazioni di emergenza. In linea di principio la variante di un'unica frase non costituisce nemmeno più una vera comunicazione. È un puro farsi valere, senza badare all'altro. Come già detto, nelle situazioni estreme a volte è l'unico metodo che funziona.

*Utilizzate la variante di un'unica frase in situazioni estreme, quando non sapete più cos'altro fare.*

Se decidete di utilizzare questa variante, vi serve una semplicissima frase in grado di esprimere in modo preciso quello che volete. L'importante è che sia breve e comprensibile. Niente introduzioni noiose, ma subito un: "Per favore, vorrei che...", oppure: "No, non voglio", o ancora: "Non mi interessa". È questa la vostra dichiarazione di volontà.

Tale dichiarazione la ripeterete più e più volte. E oltre a essa, non aggiungerete altro. Dovete farlo finché l'interlocutore si rende conto che tutte le argomentazioni e i tentativi di manipolarvi non producono su di voi alcun effetto.

*Non avete alcun bisogno di agitarvi mentre perseverate nel vostro intento.*

Ricordate una cosa importante: non fatevi prendere dall'agitazione e non alzate assolutamente la voce. Anzi: cercate di rilassarvi sempre di più. Ogni volta che pronunciate la vostra dichiarazione di volontà, distendetevi ancora un po'. Dimostrate all'altro che potreste andare avanti a ripeterla per altri tre mesi senza alcun problema. Procedendo così, avrete lo stesso effetto di una segreteria telefonica. Qui di seguito trovate lo schema della variante di una frase.

### Strategia di autoaffermazione: ripetizione di un'unica frase

1. **Prima riflettete, poi assumete il contegno fiero e regale e...**
   Quando venite manipolati o forzati a fare qualcosa che non volete, prendetevi dapprima un attimo di tempo per

riflettere. Fermatevi e chiarite bene cosa volete e cosa non volete. Nel farlo, adottate il contegno fiero e regale e indossate lo scudo protettivo.

2. **... ora esprimete il vostro volere in una frase e...**
   Riassumete quello che volete in una frase e pronunciatela. Quella frase dice solo quello che volete o che non volete, niente di più. Non attaccate l'altra persona e non criticatela. Più breve è, meglio la vostra dichiarazione di volontà funziona.
3. **... ripetete la frase più e più volte...**
   Finché l'interlocutore cerca di convincervi, voi attenetevi alla vostra dichiarazione di volontà. Non aggiungete altro. Pronunciatela in tono pacato o addirittura gentile, se volete.
4. **... finché l'altro non si arrende.**
   Modificate la vostra strategia solo quando l'altro cede. Non importa come va a finire la situazione: voi mantenetevi gentili e rilassati.

## Quando si perde il filo

Ma torniamo ai casi di emergenza (che si spera siano pochi). In quei casi, discutendo o trattando con altri può avvenire qualcosa di piuttosto irritante: l'interlocutore devia in continuazione dall'argomento. Lui (o lei) parla di tutto il possibile, tranne dell'argomento che andrebbe realmente trattato.

Immaginiamo, per esempio, che durante la pausa caffè vogliate decidere con il collega come dare una bella sistemata al vostro ufficio comune, in modo da eliminare tutte le vecchie pratiche. Lui è d'accordo. Dovete semplicemente decidere come organizzare il tutto.

Voi vorreste procedere in maniera radicale e stabilire un piano; al vostro collega, invece, viene in mente che dovrebbe riordinare anche il garage, dove da anni sta accumulando roba. Comincia quindi a raccontarvi che a occupare molto spazio sono i giochi dei figli: biciclette, slittini e tutto l'occorrente per sciare. E mentre racconta, si rende conto che effettivamente potrebbe anche vendere gli sci e gli scarponi dei bambini, visto che ormai sono cresciuti. Chissà se è possibile farlo su Internet? E a quel punto vi chiede se siete esperti in merito.

*Non lasciate che le divagazioni dell'altro vi distolgano dal tema che vi sta a cuore.*

Le aste su Internet sono un argomento senza dubbio interessante, ma cos'è che gli avevate chiesto, all'inizio? Cosa volevate? Se ora vi lasciate coinvolgere dalla sua digressione, venite assorbiti negli oscuri meandri del suo labirinto mentale. In realtà i suoi ragionamenti non hanno niente di sbagliato; semplicemente non hanno niente a che fare con l'argomento di cui volevate parlare voi. In realtà era vostra intenzione mettervi d'accordo con lui su come riordinare l'ufficio.

*Avete il diritto di non lasciarvi coinvolgere dalle digressioni dell'altro.*

Ipotizziamo che siate una persona estremamente gentile e decidiate quindi di dar corda al collega. Gli dite tutto quello che sapete sulle aste in Internet e gli raccontate le vostre esperienze in merito. Potrebbe capitare che a lui venga poi in mente che si potrebbe guadagnare parecchio, gestendo la questione in modo professionale. E che conosce una persona che ha fatto proprio così, vendendo gioielli e orologi. E che quel tipo... A questo punto sarete ormai lontanissimi dall'argomento di cui vi interessava parlare. Ora, però, il collega deve tornare al lavoro, purtroppo, perché ha un appuntamento importante. E voi avete abbandonato l'argomento e non siete riusciti più a tornarci sopra.

## Come riprendere il controllo della situazione

Finché si tratta di riordinare l'ufficio, allontanarsi dal tema non è poi un problema così grave. Più antipatica diventa la situazione quando in ballo c'è un argomento che vi sta molto a cuore. Per esempio, se dovete fare al capo una proposta che potrebbe migliorare la vostra situazione lavorativa. Ipotizziamo che gli chiediate di lavorare da casa un giorno alla settimana. Vi recate da lui avendo bene in mente come impostare il discorso e con il contegno più fiero e regale possibile. Purtroppo, però, poco dopo uscite dal suo ufficio con nient'altro se non l'indirizzo di un'elegante cantina di vini nella Francia del Sud.

*Mantenete il filo del discorso sotto controllo e dirigete voi la conversazione.*

Forse sarò troppo diffidente, ma io vedo in questa tendenza a cambiare argomento anche un modo per dire no senza dichiararlo apertamente. Lamentarsi di continuo di qualcos'altro può essere una sorta di sabotaggio segreto, che ha lo scopo di distogliervi dal vostro intento. Cosa si può fare per evitare tutto questo? Tornate ogni volta sul vostro argomento, con caparbietà e gentilezza al contempo.

Immaginatevi quella conversazione come una gita insieme in barca. Voi avete un argomento o una questione che vi sta a cuore e di cui volete parlare. È come un ampio canale navigabile, lungo il quale voi e il vostro interlocutore avanzate con l'imbarcazione. Può accadere, naturalmente, che durante il viaggio lui vada alla deriva, ossia si allontani dall'argomento iniziale e abbandoni il canale. Potrebbe, per esempio, cominciare a esprimersi in modo astratto e mettersi a filosofeggiare sulla globalizzazione a livello economico. Oppure potrebbe fare qualche commento su di voi, per esempio sulla vostra pettinatura o la giacca che indossate. Magari il telefono si metterà pure a suonare continuamente e la vostra conversazione sarà interrotta ogni volta. O, ancora, il vostro interlocutore potrebbe avere la tendenza a infilare qua e là nella conversazione qualche commento personale che non c'entra niente.

*Non importa cosa vi irriti o vi distragga nel corso di una conversazione: tornate sempre con tenacia sul vostro argomento iniziale.*

Se ora vi lasciate coinvolgere dalle digressioni dell'altro e ne discutete insieme a lui, anche voi vi allontanate dal tema iniziale. Ogni vostro commento non fa che confermare il cambio di argomento avvenuto e incoraggia l'interlocutore a divagare ulteriormente.

Per riuscire a dirigere la conversazione e riportarla su ciò che vi interessa è importante che resistiate alla tentazione di commentare. Se proprio intendete farlo, limitatevi a un'osservazione veloce e tenete sempre presente l'argomento dal quale eravate partiti.

*Con una frase gentile potete riportare la conversazione sulla giusta rotta.*

Ponete termine a queste divagazioni riprendendo in mano il timone e riportando la barca nel canale navigabile, vale a dire al vostro argomento iniziale. Per farlo non c'è bisogno che critichiate o rimproveriate l'altra persona: potete semplicemente utilizzare una frase cortese di rimando. Nella strategia che segue vi elenco alcune frasi adatte allo scopo.

STRATEGIA DI AUTOAFFERMAZIONE: DIRIGERE LE CONVERSAZIONI CON L'INSISTENZA CORTESE

1. **Stabilite l'argomento e il tempo in cui trattarlo**
   All'inizio della conversazione dichiarate subito in modo preciso di cosa intendete parlare o quali punti dovranno essere discussi. Spesso torna utile fissare con l'interlocutore la durata approssimativa del discorso. A mano a mano che procedete, poi, potrete ricordare quanto tempo avete ancora a disposizione. "Abbiamo ancora mezz'ora e ci sono altri due punti che vorrei trattare." Già questo può bastare a dare un buon ritmo al dialogo.
2. **Valutate la situazione con un po' di sesto senso**
   Se l'interlocutore comincia a divagare e a raccontare aneddoti vari, cercate di valutare all'incirca quanto continuerà. Nel caso di divagazioni brevi e limitate (per esempio un

commento sul tempo) non si può dire niente. Se invece tutto lascia supporre che l'altro stia per raccontarvi la storia della sua vita, è meglio che prendiate voi in mano la situazione. Qui vale una regola di base: se il tempo scorre e per voi la questione è davvero importante, conviene essere severi. Riportate velocemente il discorso sul tema iniziale. Se invece c'è a disposizione abbastanza tempo e le divagazioni sono limitate, potete essere più magnanimi e lasciarne passare un paio. Anche in questo caso, però, non dimenticate di riportare sempre il discorso sul tema che vi sta a cuore.

3. **Riportate gentilmente la conversazione sul tema**
Approfittate del momento in cui l'altro tirerà il fiato per pronunciare una frase che vi aiuti a riportare il discorso sul tema a voi caro. Utilizzate il pronome "noi", che suona meno critico.

   Questi sono alcuni esempi di formulazioni:

   - "Chiedo scusa, ma mi sembra che ci siamo un po' discosti dall'argomento. Vorrei tornare sulla questione..." (e aggiungete qualcosa in merito).
   - "Interessante, ma potremmo parlarne un'altra volta? Al momento abbiamo ancora un punto importante da chiarire, e cioè..." (e parlate di quel punto).
   - "Mi scusi se la interrompo. Mi sono ricordato che volevamo parlare di..."
   - "Mi è venuto in mente tutt'altro. Stavamo trattando la questione/il punto... Forse potremmo riprendere il discorso."

4. **Perseverate**
Se vi capita spesso di avere a che fare con persone che divagano e iniziano a parlare di tutt'altro, avete la possibilità di allenarvi in questa tecnica. Entrate nell'ordine di idee di dover riprendere in mano il controllo del discorso più volte. Quando lo fate, mantenetevi comunque rilassati e calmi. Ogni volta che l'altro cambia argomento, riportatelo su quello iniziale utilizzando una delle frasi sopra riportate. Più e più volte. Ricordate che chi la dura, la vince.

5. **Mostrate apprezzamento**
Date un feedback positivo al vostro interlocutore, se la conversazione è stata mirata e spedita. Fategli capire che vi ha fatto piacere. Potreste dirgli, per esempio: "Fantastico, siamo riusciti a parlare di tutto in mezz'ora soltanto". Oppure: "Questa conversazione mi è piaciuta molto. È stata concentrata ed efficace. Ottimo". Così facendo, rafforzate il cambiamento positivo e fate capire in maniera evidente quello che vi augurate in futuro.

Con questa strategia potete dirigere in maniera educata una conversazione, pur non avendone assunto ufficialmente il controllo. Con l'insistenza cortese potete riportare al tema iniziale persino un vostro superiore con la tendenza a divagare.

Naturalmente non potete obbligare l'altro a parlare di quello che volete voi. Non potete imporre il vostro argomento a un'altra persona. Allo stesso modo, non siete obbligati ad affrontare un tema solo perché lo ha introdotto il vostro interlocutore. Soprattutto con gli argomenti che vi risultano sgraditi, potete semplicemente tacere. Oppure, se volete, cominciare anche voi a parlare di tutt'altro.

## Come cambiare argomento di fronte a un tema di conversazione sgradito

Ci sono anche conversazioni nelle quali cambiare continuamente argomento è del tutto normale. Si tratta di quegli scambi veloci con il collega, un amico, il vicino di casa o una persona appena conosciuta a una festa. È il cosiddetto "small talk": chiacchiere innocue che servono più che altro a creare un contatto.

Nello small talk il dialogo si mantiene vivace proprio perché l'argomento cambia in continuazione. Non c'è un filo conduttore cui poter tornare di tanto in tanto. A volte, tuttavia, è necessario prendere un po' il controllo di quelle chiacchierate, anche solo per pura difesa personale. Per esempio, quando durante il pranzo di famiglia lo zio Frank torna a parlare della malattia che lo assilla da un po': da due mesi soffre di un brutto sfogo cutaneo su entrambe le cosce. E mentre tutti si apprestano ad assaggiare l'ottimo cibo, lui osserva che il suo sfogo assomiglia proprio alla crosta di quell'arrosto in mezzo alla tavola. Certo, se dovesse di nuovo infettarsi, diventerebbe come...

*Se le chiacchiere superficiali si fanno troppo sgradevoli, cambiate argomento.*

Alt! A questo punto conviene intervenire prontamente e cambiare argomento. Ci riuscirete interrompendo drasticamente zio Frank (sì, questo è un caso di emergenza e quindi certe misure sono concesse) e chiedendogli qualche altra cosa – possibilmente un argomento che lo appassioni almeno quanto la sua malattia. Magari i suoi tempi di scuola, la sua musica preferita o il governo attualmente in carica. Ehm... forse anche questo, però, potrebbe produrre la stessa reazione schifata... Insomma, l'importante è fare in modo di riuscire, più tardi, a gustare la crème brûlée senza essere costretti a pensare a vesciche e pustole varie.

L'insistenza cortese è una delle strategie di autoaffermazione più efficaci in assoluto. È come un coltello affilato e come ogni coltello affilato può intagliare meravigliosi oggetti o provocare profonde ferite. Pertanto, riflettete bene per tempo fino a che punto intendete spingervi con la vostra insistenza. È anche molto saggio evitare di sbattere la testa sempre contro lo stesso muro. A volte questa strategia prevede il perseverare nel proprio intento cercando, però, una porta aperta da un'altra parte.

*L'insistenza cortese prevede anche la capacità di rinunciare al momento giusto e rivolgersi altrove.*

Ora vorrei presentarvi la quinta e ultima strategia di autoaffermazione. Questa fa un po' da fertilizzante per le quattro precedenti, che in tal modo possono recare maggiori frutti. Quest'ultima strategia, infatti, è basata sulla fiducia in voi stessi.

La fiducia in voi non può regalarvela nessun'altra persona. Nasce dentro di voi, attraverso il modo in cui trattate voi stessi. E, per essere chiari fin dal principio: vi meritate solo il migliore dei trattamenti.

# Capitolo 5

## La quinta strategia di autoaffermazione: la salda fiducia in sé

Le quattro precedenti strategie di autoaffermazione vi insegnano principalmente a dimostrarvi più sicuri di fronte al prossimo. Sono strategie per rivolgersi all'esterno. Questa quinta strategia, invece, vi porta a rivolgervi all'interno. In primo piano, qui, vi è l'opinione che avete di voi stessi e il modo in cui vi trattate.

La quinta strategia di autoaffermazione aiuta a sviluppare la fiducia in voi. Una fiducia del tutto indipendente dal fare qualcosa bene o male, dal riuscire a farsi valere o meno. E indipendente dal riconoscimento altrui.

La sua utilità per voi è davvero enorme. Vi permette di imparare ad amare la persona più importante della vostra vita, quella che non vi abbandonerà mai fino all'ultimo: voi stessi.

Con la strategia della salda fiducia in sé:

- smettete di dubitare di voi;
- migliorate il vostro umore;
- vi mettete meno sotto pressione;
- imparate a difendervi meglio dalle persone invadenti;
- sviluppate un rapporto positivo con voi stessi.

### La mancata fiducia in sé nasce nella testa

Non avete bisogno di creare artificialmente la fiducia in voi, o di costruirla attraverso un lungo allenamento. La fiducia in voi è il nucleo della vostra personalità. È sempre presente, anche se a volte può capitare che sia nascosta, magari da una coperta scura. Quest'ultima rappresenta il rifiuto che nutrite nei vostri confronti. Ogni volta che vi criticate o vi rimproverate, coprite la naturale fiducia in voi e, di conseguenza, vi sentite insicuri, bloccati, abbattuti o impotenti.

*La fiducia in noi è il nucleo della nostra personalità.*

Purtroppo la maggior parte delle persone si è talmente abituata a questa coperta scura del rifiuto di sé da non accorgersi nemmeno più della sua presenza. Molti sostengono sia del tutto normale non avere di sé una bella opinione.

Leggendo questo capitolo, riconoscerete la coperta scura del rifiuto di voi stessi. Vi renderete conto in che modo create in voi stessi insicurezza. Una volta riconosciuto questo, potrete finalmente togliere tale coperta e riportare alla luce la naturale fiducia nei vostri confronti.

Ogni rifiuto di sé nasce nella nostra testa, nei nostri pensieri, e può essere più o meno intenso. Nella forma più leggera consiste in una lieve insoddisfazione nei propri confronti. Si è fatto o detto qualcosa, e a posteriori si pensa: "Oh no, maledizione, che stupidaggine che ho fatto!", oppure: "Perché diavolo ho detto quella frase? Avrei fatto meglio a tenere la bocca chiusa!".

*La fiducia in voi stessi dipende da come vi giudicate.*

Ogni volta che ci critichiamo ci chiudiamo in noi, ci irrigidiamo e il nostro umore peggiora. Se accade più volte al giorno, ci sentiamo di cattivo umore. Più rivolgiamo a noi stessi pensieri negativi nei confronti di noi stessi, peggio ci sentiamo. È di una semplicità sconcertante: il nostro stato d'animo nasce dai nostri pensieri. Purtroppo, tuttavia, ignoriamo molto spesso questa interconnessione. Assieme al nostro umore, inoltre, peggiora anche qualcos'altro: la fiducia in noi. Ogni pensiero critico con il quale ci giudichiamo ci rende sempre più insicuri. Il più delle volte non si tratta di un singolo pensiero, bensì di un flusso di critiche che finisce per minare la fiducia in noi stessi.

## Il critico interiore e tutto quello che provoca

Questo flusso di pensieri negativi ha un nome e io gli ho dato anche un volto: è il critico interiore. Questo concetto si è ormai affermato in diversi settori della psicologia.

Il critico interiore è un flusso di pensieri che ci parla al pari di una vocina che viene da dentro. A questo punto, forse, sarete curiosi di sapere se anche voi ne avete uno, o meno. Per scoprirlo non dovete fare altro che prestare attenzione ai pensieri che formulate regolarmente. Cosa vi passa per la mente dopo aver commesso uno sbaglio, aver dimenticato qualcosa o aver rotto un oggetto? Vi date degli stupidi? Se sì, in quel momento è il vostro critico interiore che parla.

*Il critico interiore è fatto dai pensieri con i quali critichiamo noi stessi.*

Esiste un modo semplice per stanare il critico che si nasconde in noi. Spesso basta uno sguardo allo specchio, meglio se di mattina appena alzati. Cosa vi passa per la mente nel trovarvi davanti la vostra immagine alle prime luci del mattino? Probabilmente pensieri del tipo: "Oh no, ma che razza di faccia ho? Così non posso proprio farmi vedere!". Ormai commenti del genere sono per noi talmente normali che non ci facciamo più nemmeno caso. Ciò nonostante, producono un effetto. Lo ripeto ancora una volta: ogni critica rivolta a se stessi mina la fiducia in sé.

*Siete soddisfatti del vostro aspetto esteriore? Se non lo siete, il critico interiore vi rivolge continui commenti negativi.*

Tra l'altro, il critico interiore è in grado di rivolgersi a noi sia in prima che in seconda persona. Se, per esempio, avete sbagliato a fare qualcosa, lui può inviarvi un commento in prima persona del tipo: "Certo che sono proprio scemo!". Oppure può scegliere la seconda persona: "Ma quanto sei cretino!". Il mio critico interiore ama utilizzare il mio nome di nascita. Questo gli conferisce una certa autorità. In quel caso, io mi sento dire: "Barbara! Che diamine hai combinato, di nuovo?".

Se non siete del tutto sicuri che sia il vostro critico a suggerirvi determinati pensieri, prestate semplicemente attenzione alle vostre emozioni. Quando lui produce uno dei suoi commenti, vi fa andare giù di morale. Vi sentite subito tesi, abbattuti o insicuri. Dal vostro stato d'animo potete riconoscere con sicurezza le sue manovre.

Per conoscere un po' meglio il critico interiore può essere utile la descrizione che segue e che si riferisce a un lavoro svolto. Grazie a essa riconosciamo subito cosa riesce a fare.

Il critico interiore:

- ci insulta, anche con parole offensive ("Che razza di idiota, che sono!");
- ci scoraggia e sabota i nostri piani ("Tanto non funzionerà!", "Non ce la farò mai!");
- ci fa risultare perdenti nel confronto con gli altri ("Quella è molto più bella di me, guadagna di più, ha più amici e anche una casa più grande della mia!");
- ci riporta davanti agli occhi errori e insuccessi del passato. Ricorda *tutte* le situazioni sgradevoli e ce le fa rivivere ("Che figura quella volta al ristorante, quando ho macchiato tutta la tovaglia! E ieri, quando durante il discorso mi sono messo a balbettare! Devo aver dato davvero una pessima impressione!");
- controlla l'impressione che facciamo agli altri e ci ordina di comportarci in determinate maniere ("Devo essere più gentile", "Devo trattenermi e smettere di parlare così tanto", "Non devo impormi troppo").

## Non credete a tutto ciò che vi passa per la testa

Il motto preferito del critico interiore è: hai qualcosa che non va e devi fare qualcosa per migliorare. Il suo argomento base è sempre il non essere abbastanza bravi e non rivelarsi all'altezza. Finché non prendete consapevolezza della sua presenza, rischiate di credere davvero ai suoi messaggi e di vivere con una scarsa fiducia in voi stessi.

*Imparate ad avere consapevolezza del vostro critico interiore.*

Senza un suggerimento o un aiuto dall'esterno può diventare difficile scoprire il critico interiore. Lui, infatti, ha la capacità di far risultare i suoi commenti come pura e semplice verità. Il critico interiore *non* dice: "Qui parla il tuo critico. Vorrei muoverti un rimprovero". Se lo facesse, potremmo lasciarlo perdere e dedicarci a cose più interessanti. No, lui si comporta come se fosse la voce di Dio a parlare, e annuncia con la massima autorità e il tono più veritiero:

- "Sei troppo grassa. E continui a metter su peso".
- "Non avrai mai successo. Non sei abbastanza intelligente."

Oppure, nella forma in prima persona:

- "Sono davvero un disastro. Non riesco a combinare niente".
- "Mi devo dare una regolata."
- "Che razza di capelli, che ho!"

I commenti del critico suonano perentori e convincenti, per cui non li avete mai messi in dubbio. Avete pensato di essere esattamente come lui vi ha descritto. Ma non è così. Dal vostro critico interiore non sentite la verità su di voi. Lui sa solo brontolare, biasimare e disprezzare.

Per la salvezza della vostra anima e la fiducia in voi stessi è di enorme importanza che riusciate a riconoscere il critico interiore. Tutto quello che ho scritto in questo capitolo si propone unicamente questo. Può recarvi danno, infatti, solo finché non diventate consapevoli della sua presenza e non vi rendete conto di cosa avviene nella vostra testa. Nel momento in cui riconoscete le sue chiacchiere e non gli date più credito, il suo predominio viene meno. E voi, allo stesso tempo, acquistate una maggior fiducia in voi stessi. Il trucco è questo: riconoscere il proprio critico interiore e non credere più ai suoi commenti.

## Perché si comincia a dubitare di se stessi

Quando nei miei seminari sull'autoaffermazione introduco l'argomento del critico interiore, molti hanno una sorta di illuminazione: riconoscono da dove nascono tutti i dubbi e le insicurezze che nutrono nei propri confronti.

Ricordo ancora bene Friederike. Mentre spiegavo quello che il nostro critico interiore può arrivare a fare, lei sedeva zitta zitta e ascoltava attenta. All'improvviso sorrise. Dopo poco iniziò a ridere a squarciagola. Tutti gli altri la guardarono incuriositi. Cosa le stava succedendo? Chiesi a Friederike se avesse voglia di raccontarci come mai rideva. Lei annuì, cercando di riprendere il controllo.

*Il critico interiore lavora spesso all'oscuro. Quando lo scoprite dentro di voi, potete domarlo.*

Friederike ci spiegò che da tempo si interessava di psicologia. Aveva già frequentato un gran numero di corsi e seminari, ma era la prima volta che sentiva parlare del critico interiore. E aveva scoperto che il suo la teneva da sempre prigioniera di un circolo vizioso.

"In molti altri seminari ho imparato a essere aperta verso il prossimo e autentica," spiegò Friederike. "Non volevo più indossare una maschera, ma mostrare agli altri il mio vero io. Allo stesso tempo, però, volevo anche smettere di essere così dominante e cercare di attirare tutta l'attenzione. Ogni volta che ero sincera e spiegavo come mi sentivo, provavo sempre una sensazione di disagio. Pensavo di essermi messa troppo in primo piano. Quando però mi trattenevo e non rivelavo a nessuno le mie emozioni, mi sentivo altrettanto male, poiché sapevo di non essere stata davvero me stessa. Qualunque cosa facessi, mi sentivo per certi versi insicura. Ora ho capito che era solo il mio critico interiore ad attaccarmi ogni volta."

Friederike aveva parlato con una certa concitazione. Tutti si resero conto che aveva fatto una scoperta davvero importante per lei. "È un po' come un cane che si morde la coda. Da una parte vorrei essere autentica e rivelare le mie emozioni, dall'altra non voglio impormi all'attenzione degli altri. Non so mai come comportarmi. Per questo ho frequentato tutta una serie di corsi di psicologia, per acquistare finalmente un po' più di sicurezza in me stessa. Fondamentalmente, però, non ho mai capito davvero i motivi di questa mia insicurezza. Solo ora ho scoperto da dove nasce: era il mio critico interiore, che mi impone ogni volta di essere diversa da come sono. Per lui non vado mai bene. Solo ora mi rendo conto di quanto sia tutto assurdo!" Friederike trasse un respiro profondo e aggiunse: "È come se mi fossi tolta un peso enorme dalle spalle". E regalò a tutti un sorriso raggiante.

*Il motto preferito del critico interiore è: "Tu hai qualcosa che non va. Devi correggerti".*

## Imprigionati nel circolo vizioso, o: qualunque cosa facciate, non va bene

Ogni critico interiore ha ideato uno, se non più circoli viziosi nei quali tenerci prigionieri. Il principio è il seguente: qualsiasi cosa faremo, non andrà bene. Per esempio, il vostro critico interiore può chiedervi di utilizzare il tempo in maniera più efficiente, sbrigare tutte le mansioni in sospeso e portare a termine le liste di lavori da svolgere. Allo stesso tempo, però, pretende che vi prendiate cura di voi stessi. Dovete anche fare meditazione, yoga o via dicendo. Se a questo punto portate a termine tutti i lavori in sospeso, il critico vi accuserà di non aver dedicato abbastanza tempo a voi stessi. Se vi fermate e vi mettete a meditare, lui vi ricorderà che avete un sacco di commissioni da sbrigare, mentre state lì a trastullarvi. Insomma, si verrà a creare una sorta di circolo vizioso che vi farà sentire sempre insoddisfatti di voi.

*Se siete spesso insoddisfatti di voi, siete imprigionati in un circolo vizioso creato dal critico interiore.*

Esiste anche una situazione simile per quanto riguarda l'autoaffermazione. Secondo il critico interiore dovremmo farci valere. Allo stesso tempo, però, dobbiamo anche andare d'accordo con il prossimo e mostrarci sempre carini e simpatici. Se cerchiamo di imporre le nostre ragioni, il critico ci accusa di non apparire sufficientemente affabili ma scontrosi, aggressivi o dominanti. Se invece ci sforziamo di mostrarci accondiscendenti, lui ci critica per non essere riusciti a dire la nostra. Due o tre di questi circoli viziosi bastano per far precipitare la fiducia in noi stessi a livello zero.

## Come riconoscere le chiacchiere del critico interiore

Riuscire a osservare il critico interiore e le sue macchinazioni può aumentare enormemente la fiducia in voi stessi. Al di là di queste critiche e questi attacchi, infatti, non avete niente che non vada. Andate benissimo come siete. E anche il fatto di possedere un critico interiore va bene. Non siete indifesi in sua balìa. Una volta che lo avete riconosciuto, potete tenerlo sotto controllo. La prossima strategia vi indica come.

### Strategia di autoaffermazione: diventare consapevoli del critico interiore

1. Prestate attenzione a quello che vi passa per la testa. Volgete l'attenzione, per quanto possibile, al flusso di pensieri e avvertite quando il critico interiore comincia a far sentire la sua voce. Cosa dice? Di cosa si lamenta? Cos'è che gli dà fastidio? Importanti sono tutti i pensieri con i quali vi giudicate negativamente e i commenti su quello che avete fatto o su come siete. Attraverso questa presa di consapevolezza dei pensieri scovate dalla tana il critico che si nasconde in voi.
2. È una buona idea svolgere questo esercizio anche per iscritto, soprattutto nel caso in cui la fiducia in voi stessi è ormai agli sgoccioli. Una scarsa fiducia in sé è infatti il risultato di uno o più attacchi critici. Scrivete quello che il critico afferma di voi. Tenete un diario quotidiano delle sue critiche

e prendete nota di ogni suo commento. Scrivere vi aiuta a estrapolare i pensieri dalla mente. Potrete così leggere nero su bianco quanto le sue chiacchiere siano dure, ingiuste ed esagerate. E poiché li avete notati, questi pensieri smetteranno di circolare nella vostra mente. La scrittura vi permetterà inoltre di rendervi conto in che momento il critico si fa sentire e intorno a quali argomenti continua a girare.
3. Il passo successivo è quello più importante. Consiste nel togliere al critico la parola. Esercitarsi a farlo richiede del tempo, forse mesi, anni... a volte anche tutta la vita.

## Quando il critico interiore si scaglia contro gli altri

Il vostro critico è ovviamente in grado di scagliarsi anche contro gli altri. Critica voi, ma può benissimo farlo anche con altre persone. E quello che vieta a voi, non lo permette di norma nemmeno agli altri.

*Un severo critico interiore attacca volentieri anche gli altri.*

A tale proposito mi viene in mente un episodio. Ricordo ancora bene una signora conosciuta a una elegante festa di compleanno. Ci eravamo incontrate al buffet. Io mi stavo servendo, quando la vidi con un piatto vuoto in mano mentre storceva il naso.

Le chiesi: “Be’? Non c’è niente che la attira?”.

“Sì, sì, è tutto buonissimo,” mi rispose lei. “Ma non posso mangiare.”

“Oh! A causa di qualche allergia?”

“No, è che non voglio ingrassare. È questo il problema.” disse indicando le cosce. “Sono già troppo ciccione.”

A essere sincera, a me quelle cosce sembravano del tutto normali. La questione era evidente: attraverso la bocca di quella donna parlava il suo critico interiore, evidentemente portato alle allucinazioni. Era lui a trovare le sue cosce troppo “ciccione”. Non solo grasse, proprio ciccione! Alcuni critici amano utilizzare termini scortesi, denigranti, in grado di ferire e di abbattere ancora di più una persona.

*Il critico interiore non è obiettivo. Esagera e ama utilizzare termini offensivi.*

Ancor prima che potessi replicare, la signora mi diede una leggera gomitata e mi indicò un'altra donna, in piedi in fondo alla stanza. "Quella signora laggiù," mi sussurrò piano, "ha delle cosce ancora più grasse delle mie." E poi aggiunse una frase che mi fece capire quanto severo fosse il suo critico: "Se le avessi io, mi sparerei".

I critici interiori spietati possono avventarsi in modo altrettanto spietato contro gli altri. Le pretese che secondo loro dovremmo esaudire, vorremmo che le esaudissero anche tutti gli altri. Quello che il critico interiore ci vieta, secondo noi non lo devono fare nemmeno gli altri. Ecco quindi che ce la prendiamo con qualcuno solo perché fa qualcosa che il nostro critico ci vieta di fare!

## Perché alcune persone ci risultano antipatiche?

Provate a immaginare quanto segue. Il vostro critico interiore vi vieta ogni forma di immagine positiva di voi stessi. Ogni volta che vi elogiate di fronte ad altri, ai suoi occhi siete degli spacconi. Darsi delle arie non è bene. Dovreste piuttosto (secondo lui) aspettare umili che il resto del mondo si accorga da solo di quanto siete bravi nel fare una determinata cosa. E se per caso vi lasciate scappare una frase del tipo: "Oh sì, ne vado proprio orgoglioso", oppure: "Sì, l'ho fatto proprio io!", non esita un attimo a darvi un bello scappellotto. Vi fa sentire la coscienza sporca perché vi siete vantati. Di conseguenza, obbedite alla regola della modestia e ritornate subito ad abbassare la testa.

*Il critico interiore ci detta regole alle quali dobbiamo attenerci.*

E poi, arriva una nuova collega completamente diversa da voi. La sentite subito vantarsi senza alcun problema delle sue qualità. È orgogliosa di sé e racconta a tutti le sue prodezze, soprattutto nei meeting con i superiori. No, questa collega non sa fare niente più di voi, se non presentarsi sotto la luce migliore. Fa una cosa che il critico interiore vi vieta, perché secondo lui non si deve. E per lui quello non è nemmeno dare un'immagine positiva di sé (sarebbe una formulazione troppo neutrale, lui preferisce espressioni molto più forti, offensive): è spacconeria, autocelebrazione, esaltazione. E a voi non è permesso.

Ma cosa succede, ora, tra voi e la nuova collega?

Se vi siete ormai identificati del tutto con il vostro critico interiore, istintivamente vi risulterà antipatica. Non vi piacerà. Se poi il vostro critico è molto severo, la odierete addirittura. E così avrete una nuova nemica. Di norma, infatti, vale la regola che finché vi lasciate dominare da un rigido critico interiore, giudicate gli altri con estrema severità.

*Se qualcuno vi risulta spontaneamente antipatico, è il vostro critico interiore a giudicare quella persona.*

Forse l'esempio che segue può aiutarvi a vedere sotto un'altra luce le persone che vi stanno antipatiche. Potrebbe essere che anche in quei casi è il critico a emettere il giudizio?

Cosa fa quella persona per risultarvi così antipatica? Scommetto che il vostro critico interiore avrà qualcosa da ridire su un suo modo di comportarsi. Già solo per questo conviene osservare più a fondo le persone che definiamo antipatiche. Attraverso di loro potete capire ciò che il critico interiore vieta a voi stessi. E cosa utilizza, eventualmente, per farvi sentire la coscienza sporca.

## Non credete a una parola di quanto afferma il critico interiore

Se adesso vi state criticando per avere anche voi un critico interiore di questo tipo e di cui volete disfarvi, fermatevi un attimo. Alt!

Chi è, dentro di voi, a criticare il fatto di avere un critico interiore? Naturalmente solo il nostro vecchio amico, lui stesso. Sì, lui può utilizzare ogni mezzo contro di voi. Ogni informazione dalla tv, da una rivista o da un manuale come questo per dimostrarvi cosa c'è in voi che non va. E se ora sapete di avere un critico interiore, può utilizzare anche questa informazione contro di voi e criticarvi per questo.

*Non c'è niente di male ad avere un critico interiore.*

Come tutte le persone adulte, anche voi avete un critico interiore. In questo non c'è niente di male. Non potete eliminare, cancellare o sopprimere questa vostra modalità di pensiero. Non basterebbe nemmeno un esorcismo. Il critico interiore è parte del vostro "stampo", del vostro condizionamento. Avete appreso questa forma di autocritica molto presto, ai tempi dell'infanzia; ora però, potete imparare qualcosa di nuovo. Potete imparare a sottrarre al critico il suo potere. Tutto il potere che ha su di voi, infatti, si fonda su un unico fatto: il credere da parte vostra in ciò che vi dice.

*Dal vostro critico interiore non ricevete informazioni utili.*

L'atteggiamento migliore da tenere verso di lui è un totale scetticismo. Diventate increduli nei suoi confronti. Da quella voce interiore, infatti, non ottenete mai alcuna informazione utile.

- Il critico interiore non sa come siete veramente. Lui vede solo difetti e debolezze. Tutto il resto non gli interessa. E per quanto vi sforziate di cambiare, lui vi criticherà comunque. Quando sussurra un commento su di voi, non credete a una sola delle sue parole.
- Il critico interiore non può giudicare la vostra vita. Non vede le vostre reali capacità: guarda solo alle mancanze. Di tutto ciò che avete raggiunto, lui non tiene alcun conto. Quando vi dice com'è la vostra vita, non credete a una sola delle sue parole.

- Il critico interiore non può dirvi assolutamente niente della vostra personalità. Per lui siete sempre e comunque sbagliati e dovete lavorare ancora molto su voi stessi per migliorare. Altro non troverà da dire. Quando vi spiega che tipo siete e che carattere avete, non credete a una sola delle sue parole.
- Il critico interiore non sa niente delle persone che vi sono accanto. Lui guarda gli altri unicamente per scoprire cosa c'è che non va in loro e trova sempre qualcosa da criticare. È su questo che si concentra. Quando vi dice qualcosa sulle persone a voi vicine e le giudica, non credete a una sola delle sue parole.

Il critico interiore vi avrà in suo potere finché ne prendete sul serio i commenti e li considerate veri. Nel momento in cui non ci credete più, tuttavia, sarete liberi. Certo, lui non scomparirà all'improvviso, ma smetterà di esercitare tutta quell'influenza sul vostro pensare, sentire e agire. Diventerà impotente. I pensieri critici emergeranno ancora, di tanto in tanto, ma vi faranno solo ridere sotto i baffi. Le chiacchiere del critico interiore vi appariranno una brutta storia di altri tempi, alla quale prestavate ingenuamente fede. Adesso, ormai, siete passati oltre.

*Se non smettete di credere al critico interiore, lo rendete impotente.*

## Le domande più frequenti sul critico interiore

*"Non abbiamo bisogno del nostro critico interiore per riconoscere i nostri errori?"*

No, per quello non ne abbiamo bisogno. Per fortuna non blatera continuamente: se lo facesse, probabilmente impazziremmo. Compare solo di tanto in tanto. Nel frattempo, viviamo bene e in pace, senza i suoi commenti. In queste fasi prive di critiche siamo perfettamente in grado di riconoscere se abbiamo commesso qualche errore.

Ipotizziamo che abbiate sommato cinque più cinque e abbiate contato undici. Un risultato sbagliato. Lo riuscite a dedurre anche senza i commenti sminuenti del critico interiore. Quando lui si immischia, però, costruisce un castello di menzogne intorno a questo errore. Vi mortifica e vi umilia, portandovi a pensare: “Come si può essere così idioti da non saper sommare due cifre!”. Questa non è più un'osservazione obiettiva, ma solo offensiva e violenta. Ed è sempre anche un attacco alla fiducia in voi stessi, con la conseguenza che cominciate a dubitare di più in voi e a sentirvi abbattuti. È servito a migliorare qualcosa? Un attacco critico di questo tipo è servito a correggere l'errore? No. Vi porta solo a rimproverare voi stessi, ma il fatto obiettivo che abbiate commesso uno sbaglio rimane tale. L'accusa del critico vi porterà a essere più bravi la prossima volta? Imparerete a contare meglio? No, anzi. Abbattersi e mortificarsi non si è mai dimostrato un mezzo utile per migliorarsi o motivarsi a fare meglio.

*Potete riconoscere i vostri errori e appianarli senza bisogno di criticarvi.*

Senza le fandonie del critico interiore potete riflettere con maggiore lucidità, rilevare prima l'errore e trarne insegnamento. Evitandogli di immischiarsi, vi riuscirà inoltre più facile riconoscere davanti agli altri di aver sbagliato e chiedere scusa.

*“Da dove nasce il critico interiore?”*

Fin da piccoli ci dicevano cosa non si deve fare, cos'è sgarbato e da maleducati. E ogni volta che ci comportavamo male venivamo in qualche modo rimproverati, dai genitori o da altre figure di riferimento. Magari ricevevamo una sgridata, venivamo spediti in camera nostra, oppure la mamma scuoteva tristemente la testa e diceva: “Così mi farai proprio ammalare!”.

Nella nostra famiglia di origine c'era un particolare stile di critica che ci ha segnati e noi lo abbiamo interiorizzato.

Quando eravamo piccoli la critica arrivava da fuori. Mamma e papà ci dicevano: “Insomma, devi proprio macchiarti tutto, mentre mangi? Sei un vero porcellino!”. Più avanti abbiamo imparato a criticarci da soli: il sugo di pomodoro ci cadeva di nuovo sulla maglietta e subito formulavamo il pensiero: “Oh no! mi sono macchiato di nuovo... che bestia!". È così che è nato il critico interiore. Il tono di voce, la severità e il rigore li ha appresi tutti dalla nostra famiglia di origine.

Può essere che sia cambiato il contenuto di ciò che critichiamo in noi. Oggi per lui riordinare la camera o dire educatamente "buongiorno" forse non sono più gli argomenti di punta. Ha sviluppato nuove richieste e nuove pretese.

*Da bambini abbiamo interiorizzato la critica dei nostri genitori. È così che è nato il critico interiore.*

Non è una cosa sbagliata aver sviluppato un critico interiore. Questa parte della nostra psiche si forma a mano a mano che un bambino cresce e impara a controllarsi. Siamo venuti al mondo come esseri in grado di apprendere. Abbiamo imparato a parlare, ad attraversare la strada senza farci investire. Abbiamo imparato a cantare una canzone e a impacchettare un regalo. Abbiamo imparato cos'è giusto e cos'è sbagliato, e infine anche a fare autocritica. Le persone con le quali abbiamo vissuto da piccoli ci hanno trasmesso tutto questo e altro ancora. E lo hanno fatto perché anche loro hanno imparato così.

*Il critico interiore non è un errore dell'educazione.*

Da piccoli, però, non abbiamo solo interiorizzato l'autocritica, ma anche sperimentato la gioia e l'attenzione verso noi. Queste esperienze ci hanno segnati. L'amore ricevuto ha controbilanciato il critico interiore. Non siamo fatti solo di autocritica: sappiamo anche trattarci con affetto e riguardo.

*"Cosa si può fare se il critico interiore è troppo forte?"*

Ci sono critici interiori che possono essere davvero cattivi al punto da diventare distruttivi. Possono ispirare pensieri pieni di odio che rivolgiamo alla nostra persona o ad altri. Questi critici interiori particolarmente malvagi sono quelli, per esempio, che cercano di convincervi che niente vale la pena e che sarebbe meglio farla finita una volta per tutte.

L'origine di questo potrebbe risiedere nel passato. Questi critici diabolici nascono molte volte quando la persona da piccola è stata trascurata o maltrattata. Un'altra causa possono essere episodi traumatici, per esempio la separazione prematura da un'importante figura di riferimento, un grave incidente, esperienze di guerra o altre catastrofi.

Ci sono, però, anche critici interiori normali che possono diventare improvvisamente molto pericolosi in un periodo di crisi esistenziale. Può accadere quando una persona vive una separazione, un lutto, una malattia o la perdita del lavoro. Quando l'esistenza sembra sfuggirci dal controllo, il critico interiore si fa avanti e intensifica i suoi attacchi. In situazioni del genere avete bisogno di un aiuto dall'esterno.

*Un critico interiore malvagio può provocare enorme sofferenza psichica.*

Tutto ciò che è scritto in questo manuale è pensato per una sorta di "automedicazione". È come un rimedio contro il raffreddore, che si compra da soli in farmacia. Se però il raffreddore peggiora e i sintomi perdurano nel tempo, è consigliabile consultare un medico.

Lo stesso vale anche per il rapporto con il proprio critico interiore. Se vi accorgete che prende una direzione troppo severa o che state attraversando un periodo di crisi, è meglio che vi rivolgiate a un professionista. Cercatevi uno psicoterapeuta che faccia al caso vostro. Molti medici generici possono consigliarvi i nominativi della zona; oppure potete rivolgervi all'Azienda sanitaria locale per avere una lista dei consultori più vicini.

*Chiedete aiuto a un professionista, se il vostro critico interiore alza troppo la voce.*

È consigliabile fare un colloquio preliminare con diversi terapeuti, in modo da individuare quale sia per voi quello più adatto.

*"Com'è il critico interiore degli uomini?"*

Molte donne sono convinte che il critico interiore sia un problema principalmente femminile. In realtà non è così. Il critico interiore ce l'hanno sia donne sia uomini. A essere diversi sono gli argomenti dei quali si occupa. (Premetto che tutto quello che segue sono dati medi e tendenze.)

Nelle donne a essere soprattutto oggetto di critica sono l'aspetto esteriore e i rapporti con gli altri. Molte donne subiscono severi attacchi per la linea non perfetta, il sovrappeso o l'invecchiamento. Persino quelle snelle e apparentemente senza alcun problema di grasso sono spesso costrette a sentire la voce di un severissimo critico interiore che controlla che non prendano nemmeno un grammo in più e facciano abbastanza sport. Il critico pretende inoltre dalle donne che mantengano sempre buoni rapporti con il prossimo e risultino il più simpatiche possibile. Nel caso di problemi relazionali, il critico attribuisce quasi sempre la colpa alla donna: avrebbe dovuto sforzarsi di più o dimostrare più comprensione. Infine, il critico può anche portare l'interessata a non sentirsi degna di amore.

*Il critico interiore non è solo un problema di donne. Anche gli uomini soffrono delle conseguenze di una severa autocritica.*

Nella maggior parte degli uomini accade diversamente. Le buone relazioni sono senza dubbio importanti, ma non hanno la priorità. Anche il girovita o le rughe sul viso sono molto meno spesso motivo di attacchi critici. In generale il critico interiore degli uomini si scaglia sulla perdita dei capelli.

Il loro critico si interessa molto anche alla loro posizione sociale. Vuole che siano vincenti e guadagnino bene. Il critico interiore degli uomini punta soprattutto allo stato sociale e al potere, alla superiorità e al predominio. In nessun caso l'uomo deve dimostrarsi debole e sottomesso.

Nei miei corsi sull'autoaffermazione ho notato che le donne hanno la tendenza a esprimere a voce alta i loro commenti critici. Tendono più degli uomini a rivolgersi osservazioni negative. Naturalmente anche gli uomini sanno parlare di sé criticamente, ma lo fanno più di rado. Questo può portare a credere che le donne abbiano un critico interiore più forte rispetto agli uomini, ma non è così. È solo che gli uomini ne parlano meno di frequente.

*Le donne esprimono più spesso commenti negativi su di sé rispetto agli uomini.*

## Piccole consolazioni e altri "aiutini"

Dopo aver subìto le severe strigliate del critico interiore ci sentiamo male. Sentirsi male è in realtà un concetto generale che comprende tutta una serie di sensazioni sgradevoli: si va dal cattivo umore all'insicurezza, all'abbattimento, fino alla depressione. Per uscire da questi stati d'animo le persone ricorrono spesso a due diverse soluzioni, che in realtà tali non sono affatto in quanto servono solo a peggiorare la situazione.

La prima "soluzione" consiste nel fare qualcosa, subito dopo aver ricevuto le critiche, per tirarci un po' su di morale. Il modo più veloce per farlo è ricorrere alle piccole consolazioni: accendersi una sigaretta, bersi uno o due bicchieri di vino, andare a fare un po' di shopping o gustarsi una bella tavoletta di cioccolata. In questo modo si riesce a sfuggire momentaneamente da quella sensazione di abbattimento provocata dall'attacco del critico. Lui, però, non si accontenta di farsi sentire una sola volta. No! Torna continuamente all'attacco. E di nuovo noi ci rifugiamo nelle nostre piccole consolazioni momentanee, cercando di uscire dalla situazione di sconforto. Se ripetute in continuazione, queste piccole fughe possono trasformarsi in una maledizione e portarci a sviluppare una vera e propria dipendenza dai nostri innocui "aiutini".

*Dietro ogni dipendenza si nasconde un critico interiore.*

Una volta diventati dipendenti, il nostro critico interiore si scatena. Ora può umiliarci perché siamo sempre così indisciplinati e privi di volontà da ricorrere ogni volta agli aiutini. E poiché lui ci stuzzica in continuazione e noi ci sentiamo sempre peggio, ci accendiamo un'altra sigaretta, ci beviamo un altro bicchiere di vino, mangiamo ancora un dolcetto... finché si instaura un circolo vizioso. Più diventiamo dipendenti, più sberle ci sentiamo appioppare dal critico e peggio ci sentiamo. Peggio ci sentiamo, più ci rifugiamo nei mezzi che ci permettono di tirarci subito un po' su di morale.

In linea di principio il critico interiore ci porta, con i suoi continui attacchi, a compiere esattamente ciò per cui può criticarci. Dietro ogni dipendenza si nasconde un critico che riesce ancora a blaterare senza che l'interessato lo abbia riconosciuto.

## Da dove nascono le pretese esagerate?

C'è anche una seconda "soluzione" alla quale ricorrono molte persone dopo essere state attaccate dal critico. Anch'essa, in realtà, non risolve niente anzi, complica ulteriormente la situazione. Questa soluzione consiste nel porsi obiettivi esagerati.

Il critico interiore ha parlato, la nostra autostima è ai minimi storici e ora come facciamo a riprenderci? Ci proponiamo seriamente e una volta per tutte di migliorare. Decidiamo finalmente di fare ogni cosa per bene, di darci una mossa e sforzarci al massimo. Abbiamo delle aspettative elevate nei nostri confronti.

*Porsi obiettivi elevati è una forma di autotortura.*

In cosa consistano questi obiettivi varia da persona a persona e dipende da cos'è stato oggetto di critica. Tra i vari esempi, ci si può ripromettere di:

- seguire un'alimentazione sana;
- praticare regolarmente sport;
- migliorare a livello professionale;
- mantenersi sempre positivi e cordiali;
- sfruttare meglio il tempo;
- leggere più libri e guardare meno tv;
- non sprecare più denaro in cose futili;
- farsi valere di più;

- non andare più su tutte le furie con i figli;
- essere sempre disponibili con il prossimo;
- in breve: condurre un'esistenza impeccabile sotto ogni aspetto.

Condurre un'esistenza impeccabile... no, non basta ancora. I propositi di questo tipo non si fermano mai, si fanno continuamente più ambiziosi. Ogni volta si sposta il traguardo un po' più in là, e ancor prima di riuscire a raggiungerlo lo si sposta un'altra volta. La parola d'ordine è: sempre di più, sempre meglio.

E allora indovinate un po' cosa succede quando ci riempiamo la testa di questi propositi? Prima di tutto ci sentiamo sottoposti a un'enorme tensione, sia psichica che fisica. E cosa facciamo per liberarcene? Ricorriamo ancora una volta alle nostre piccole consolazioni: una sigaretta, un bicchiere di vino, un dolcetto, un po' di shopping e via dicendo.

*Voi siete unici. Evitate di confrontarvi con gli altri.*

Ma non basta. Se ci poniamo obiettivi troppo elevati, falliamo nel nostro intento. Non riusciamo a fare tutto. E a quel punto il critico interiore ha a disposizione nuove munizioni da spararci addosso. Ci fa sentire in colpa perché abbiamo mancato i nostri propositi. Ci confronta con altre persone, possibilmente con quelle che sono riuscite senza problemi a fare quello che noi ci eravamo ripromessi. Ed ecco che la fiducia in noi ripiomba giù un'altra volta. Di nuovo ci sentiamo inadeguati. E come facciamo per uscirne? Secondo il critico interiore c'è un solo modo: sforzarsi ancora di più, sfruttare meglio il tempo e affrontare ogni compito con estrema disciplina.

## Ridurre le pretese nei propri confronti

Non riuscirete mai a soddisfare il vostro critico interiore. Al massimo rimarrà zitto per un po', ma prima o poi troverà sempre nuove norme, richieste e direttive da imporvi. In effetti è anche logico, visto che lui è il vostro critico interiore e criticarvi è il suo mestiere. Non smetterà di farlo semplicemente perché riuscite a raggiungere tutti gli obiettivi e avete successo.

*Non riuscirete mai a soddisfare completamente il vostro critico interiore. Troverà sempre nuovi motivi per biasimarvi.*

Funziona un po' come con i complimenti che ricevete dagli altri. Se avete un critico interiore molto severo, troverete anche difficoltà ad accettare l'approvazione da parte del prossimo. Lui, infatti, tiene con estrema pignoleria un rendiconto negativo di tutte le vostre debolezze, mancanze ed errori. Se anche vinceste il premo Nobel o foste nominati imprenditore dell'anno, per lui non sareste che dei millantatori e vi ricorderebbe subito tutte le altre volte nella vita in cui avete fallito e *non* avete raggiunto determinati obiettivi. Cercare di soddisfare le richieste del critico interiore equivale a voler raccogliere acqua con l'aiuto di un colino. Semplicemente non è possibile.

Esiste un metodo facilissimo per aumentare la fiducia in voi stessi e limitare un po' la pressione interiore che vi opprime. Naturalmente, al critico non andrà certo a genio: si tratta di ridurre le pretese nei vostri confronti.

Ponetevi degli obiettivi più realistici e raggiungibili, in ogni settore della vostra vita.

### Strategia di autoaffermazione: ridurre le pretese nei propri confronti

1. **Rendetevi conto in quali settori avvertite maggiore tensione e vi ponete aspettative troppo elevate**
   Nelle prossime settimane provate a riflettere in quali situazioni vi sentite più sotto pressione a causa delle aspettative che ponete a voi stessi. Cercate di capire bene cosa vi aspettate da voi. Cosa pensate di riuscire a fare?
2. **Riducete le pretese**
   Senza dubbio ci sono situazioni in cui è importante assicurare una prestazione impeccabile, per esempio se siete

piloti di aereo o cardiochirurghi. Esistono però tante altre attività per le quali anche un risultato mediocre può essere sufficiente. Individuate i settori della vostra vita in cui potete ridurre le pretese nei vostri confronti e lì limitatevi a dare solo l'indispensabile.

3. **Permettetevi di dire no**
Individuate quali mansioni potete delegare ad altri e quali semplificare. Potete rinunciare ai traguardi troppo elevati come a tutto ciò che non volete. Ponete un limite a quanto chiedete a voi stessi e dite no alle pretese eccessive, al perfezionismo e ad altre forme di autotortura.
4. **Non confrontatevi con gli altri**
Siete unici e, pertanto, impareggiabili. Mantenetevi concentrati su di voi e sul vostro personale "orticello della vita". Quello che fanno gli altri non deve diventare per voi il riferimento. Coltivate il coraggio di non essere perfetti e la gioia del non fare niente.

## Come riuscire ad avere più fiducia in sé nelle situazioni critiche

Se riconoscete il critico interiore e smascherate le sue macchinazioni, riuscite anche a dominarlo. È particolarmente importante farlo in situazioni nelle quali vi serve un minimo di fiducia in voi, per esempio in occasione di un colloquio di lavoro, o se volete tenere un discorso in pubblico. Quelli sono momenti in cui le chiacchiere del critico vi sono utili quanto un ghiacciolo a un eschimese. Si limiterebbe a farvi presente dove potreste fallire e vi sussurrerebbe all'orecchio che farete la stessa pessima figura di quella volta in cui... (e qui attingerà dalla rubrica "Le mie peggiori sconfitte del passato"). Pensieri di questo tipo servono solo a instillare paura di parlare in pubblico e di sentirsi gli occhi puntati addosso.

Quanto più convincente risulta il critico, più sorgeranno in voi dubbi riguardo le vostre capacità. E un attacco critico di questo genere può ripercuotersi anche a livello fisico: probabilmente apparirete contratti, intimiditi e poco convincenti. Il vostro interlocutore si accorgerà che non vi sentite a vostro agio e siete insicuri.

*Potete mettere a tacere il vostro critico interiore per un certo tempo.*

In ogni caso, ricordate che non siete in balìa del vostro critico interiore. Potete domarlo e relegarlo in un angolo. Riuscite a farlo non prestando più attenzione ai suoi commenti, non stando più ad ascoltare le sue chiacchiere. Deve diventare come una trasmissione radio che rimane sullo sfondo, ma che non state più a sentire.

Qui di seguito vi riassumo la strategia che vi spiega come domare il critico nelle situazioni critiche.

### Strategia di autoaffermazione: mettere a tacere il critico interiore

1. Imparate a conoscere meglio il vostro critico interiore e individuate le situazioni in cui è solito farsi sentire. Meglio lo conoscete, più facili vi risulteranno i vari passi di questa strategia.
2. Preparatevi alla situazione o al colloquio da affrontare nel miglior modo possibile. Una buona pianificazione può trasmettervi sicurezza.
3. Prestate attenzione a tutti i pensieri che rendono insicuri. Se, per esempio, il critico interiore vi informa delle varie possibilità che avete per fare una figuraccia, interrompete questo flusso di pensieri e rivolgete volutamente la mente a qualcosa di meglio. Potete immaginarvi, per esempio, la perfetta riuscita in quello che vi apprestate a fare. Se questo vi costa troppa fatica, concentratevi semplicemente sul momento presente. Guardatevi intorno e osservate l'ambiente che vi circonda. Assumete una postura rilassata ed eretta. Inspirate ed espirate profondamente e rilassatevi ancora un po'.

4. Se alla mente si affaccia un pensiero negativo, aspettate semplicemente che se ne vada. Non combattete i pensieri e non irritatevi per la loro presenza, ma limitatevi a dirigere l'attenzione altrove. È già sufficiente. Pronunciate dentro di voi: "No, grazie" e cambiate programma. Occupatevi di qualcos'altro o immaginatevi di riuscire a fare bene tutto quello che vi apprestate a fare. Se il critico non vuole proprio saperne di lasciarvi in pace, scrivete nero su bianco tutti i suoi commenti, parola per parola, intitolando il tutto: "Il mio critico interiore mi dice quanto segue". Quanto avrete annotato non avrà più bisogno di ripetervelo, visto che lo potete leggere quando meglio credete.
5. Prima di affrontare il compito che avete davanti, il critico interiore tornerà probabilmente a farsi sentire per dire la sua. Per voi la parola d'ordine è: non prestare attenzione ai suoi tentativi di instillarvi insicurezza. Concentratevi completamente su quello che avete da fare in quel momento. Assumete in tutta calma il contegno fiero e regale. Respirate a fondo e apprezzate l'aura di sicurezza e dignità che emana da voi. È del tutto normale sentirsi un po' agitati nell'affrontare una situazione insolita – non è un cattivo segnale. Potete parlare in modo convincente e sicuro anche se provate agitazione.
6. Una volta superata la prova, potete lasciare il critico libero di blaterare quanto vuole. Anche in questo caso: non credete a una sola delle sue parole. Lui non è in grado di giudicare correttamente come vi siete comportati, ma solo di criticarvi. Non stupitevi, però, se è abbastanza silenzioso, anche se ora gli date via libera. Probabilmente preferirà pronunciarsi quando non sarete più così vigili e attenti.

Questo modo di gestire il critico funziona secondo il principio dell'accettazione e del comando. Accettate il fatto che il critico si farà sentire e siate preparati in tal senso. Prestate attenzione ai pensieri che vi passano per la mente e quando parla non ve la prendete per quello che dice e non lo insultate nemmeno. Non prestate attenzione al suo blaterare. Rivolgetevi altrove, senza combattere – questo è già sufficiente. È bene sapere, tuttavia, che alcuni critici possono essere alquanto ostinati e ripetersi in continuazione. In tal caso vi è d'aiuto la quarta strategia di autoaffermazione, l'insistenza cortese. Non credete a una parola di quello che dice il critico e rivolgete l'attenzione a cose più belle. Ogni volta.

*Il metodo più semplice per domare il critico interiore: non prestargli attenzione.*

Nel frattempo vi sarete sicuramente fatti un'idea di come il critico interiore possa minare la fiducia in voi stessi e complicarvi la vita. Ma come sarebbe la vostra vita se non svolgesse più il ruolo principale? A tale proposito vi suggerisco un breve esercizio da svolgere subito.

Immaginate di staccare per un po' la spina al vostro critico interiore. Mandatelo a fare una gita o in vacanza – l'importante è che si assenti. Niente più autocritica. A questo punto arrivano tre domande che vi possono aprire una prospettiva completamente diversa:

- Come vivreste la vita di tutti i giorni se non ci fosse il critico interiore?
- Cosa osereste fare senza i suoi commenti timorosi che vi frullano nella testa?
- E come vi sentireste senza più pensieri autocritici?

Ponetevi ogni tanto queste tre domande. Meditateci sopra. Queste riflessioni vi permettono di accedere a quell'energia vitale rimasta finora bloccata dal vostro critico interiore.

## Dall'autocritica all'autostima

Anche se finora il critico interiore vi ha raccontato tutt'altro, andate benissimo così come siete, con tutti i vostri pro e contro. Siete venuti al mondo come meravigliose e preziose creature e non potrete mai essere altro. Mai.

Il vostro essere preziosi non ha niente a che vedere con il modo in cui vi comportate o con quello che riuscite a fare. È semplicemente il nucleo della vostra essenza. È qualcosa che non vi lascerà mai. Per questo non dovete nemmeno sforzarvi di diventare una persona valida e degna di essere amata: lo siete già.

*Siete un gioiello di inestimabile valore. E nessun errore che possiate aver commesso può cambiare questo fatto.*

Permettetevi di essere così come siete, con tutto ciò che vi appartiene. Ricordate che, come tutte le altre persone, siete come un grande negozio pieno delle più svariate merci. Potete alzare la voce o parlare piano. Potete sentirvi sicuri di voi, ma a volte no. Potete essere gentili, ma anche comportarvi diversamente. E tutto ciò che siete vuole essere riconosciuto da voi e apprezzato, anche quello che al critico non piace. Tutto fa parte di voi e tutto merita apprezzamento da parte vostra.

*Ogni sfumatura della vostra personalità merita apprezzamento da parte vostra, soprattutto ciò che definite difetti o debolezze.*

Distaccandovi sempre più dal critico interiore vi renderete conto di quanto aumenta la fiducia che riponete in voi. Ogni volta che mettete in dubbio i suoi commenti, in voi crescono sempre più amore e autostima e in questo modo emerge più chiaramente la preziosità della vostra persona.

Allo stesso tempo vi guarderete con occhi nuovi. Forse per la prima volta riuscirete a vedere davvero quanto di buono avete compiuto nella vita e riconoscerete di non dover nascondervi o vergognarvi per come siete.

Siete un essere umano unico e irripetibile. E come ogni altro essere umano vivete la vostra vita e vi scontrate con le difficoltà che ogni tanto presenta.

Una volta messo da parte il critico interiore non esiste più alcun "si dovrebbe vivere così" o "così è sbagliato". Forse riconoscerete anche che tutti i vostri errori per certi aspetti sono stati importanti per voi e giusti.

## Costruire una cultura dell'amor proprio

Se vivete su questo pianeta già da un paio di decenni, il vostro critico interiore si sarà già fatto sentire alla grande, nella vostra mente. Avrà ormai creato una cultura critica ben definita, utilizzando diversi metodi per mettervi in guardia, attaccarvi o offendervi. In parole povere: ha uno stile tutto suo. È quindi tempo che troviate anche voi un vostro stile per riuscire a riconoscervi e ad amarvi.

*Concedetevi l'amore e il riconoscimento di cui avete bisogno.*

Sviluppate la vostra cultura dell'amor proprio e fate in modo che si radichi in voi, che diventi un'abitudine della vostra vita. Concedetevi l'affetto e l'apprezzamento di cui avete bisogno e che avete atteso a lungo. Potete farlo dedicandovi magari a un progetto messo da parte tanto tempo fa, ma che vi procura piacere e soddisfazione.

Il modo in cui potete apprezzarvi e amarvi maggiormente dipende dai vostri bisogni. Qui posso fornirvi solo qualche spunto in tal senso. Si tratta di piccole ispirazioni che potete sperimentare nelle situazioni di ogni giorno.

Strategia di autoaffermazione: la cura quotidiana dell'autostima

1. **Assicuratevi di darvi i giusti riconoscimenti più volte ogni giorno**
   Congratulatevi con voi stessi e concedetevi il giusto riconoscimento, non solo quando fate qualcosa di speciale, ma anche solo per il fatto di esistere. Per il fatto di fare tutta quella serie di esperienze che chiamiamo vita. Se all'inizio vi riesce difficile, ponetevi la domanda: "Cosa mi direbbe una persona che mi ama incondizionatamente?". E poi ditevi esattamente lo stesso. Parlate con voi come fareste con una persona amata. Tante volte, in tutte le variazioni possibili.

2. **Concedetevi ogni giorno piccole e grandi attenzioni**
Fatevi una lista delle risposte alla seguente domanda: quali piccole e grandi attenzioni riceverei da qualcuno che mi ama incondizionatamente? Una persona così ci terrebbe, forse, a farvi avere ogni giorno un fiore, o assicurarsi che possiate ascoltare la vostra musica preferita, o che troviate sempre qualcosa di cui ridere; insomma, tutti gesti che dimostrano quanto si tiene a una determinata persona. Esatto: lo dovete fare voi per voi stessi.
3. **Raddoppiate l'amore per voi stessi quando siete sotto stress**
Ogni volta che vi sentite stressati o avete registrato un insuccesso, avete bisogno di una porzione extra di affetto. Trovate un modo per trattarvi bene, quando la situazione è dura. Che ne dite di questi suggerimenti: lanciarvi baci allo specchio quando siete di fretta, spedirvi un immenso mazzo di fiori dopo che avete preso una bidonata o scrivervi una lunga lettera d'amore dopo una separazione dolorosa? Godetevi tutti, ma proprio tutti i vostri stati d'animo e amate ogni moto della vostra anima e del vostro corpo.
4. **Siate magnanimi con il vostro critico interiore**
Abbracciate il vostro critico interiore. È parte di voi e non può proprio comportarsi diversamente: quella è la sua natura. Non sa che siete una creatura preziosa e probabilmente mai lo crederà. Non ce n'è alcun bisogno, d'altronde: voi lo sapete già, e questo basta e avanza.

## Un sì totale a voi stessi

Sull'amore per se stessi si possono scrivere e dire un sacco di cose belle. Nelle situazioni di ogni giorno, tuttavia, amare se stessi è una vera sfida. Farlo in modo incondizionato è completamente diverso da quanto ci è stato insegnato a fare, e anche da quanto si è portati a considerare ragionevole e sensato.

Amare se stessi significa dirsi un sì totale. Un sì a ogni sfaccettatura della propria personalità, anche a quelle che a volte definiamo debolezze o difetti. Significa essere totalmente d'accordo per come si è; d'accordo con ogni umore, ogni emozione e ogni bisogno. Molti di noi da piccoli non hanno mai imparato a farlo, ma ancora adesso è possibile.

Favorite l'amore per voi stessi:

- viziandovi e prendendovi cura di voi;
- liberandovi dalle pretese eccessive;
- rifiutando tutto ciò che vi offende, tormenta o demoralizza;
- mostrandovi dignitosi e rispettabili;
- apprezzando ogni vostra emozione e permettendole di esistere;
- rivolgendovi ai vostri desideri e bisogni, anziché prestando solo voce a quelli altrui;
- approvandovi sempre, soprattutto in caso di insuccessi, sconfitte e difficoltà;
- organizzando la vostra vita, anziché adeguarvi sempre alle richieste altrui.

Amare se stessi non è un compito che prima o poi si esaurisce, o che si conclude una volta invecchiati. È una continua crescita. Richiede che prendiate coscienza di ciò che è adatto a voi e di cosa invece vi crea tensioni e non vi risulta gradito. Le tendenze sbagliate del passato vi appariranno sempre più chiare e grazie a queste cinque strategie di autoaffermazione riuscirete via via a liberarvene.

*Dall'amore per se stessi nasce un contatto amorevole verso l'altro.*

Con il tempo vi renderete conto che l'amore per voi stessi vi unisce di più agli altri. Il contatto affettuoso che vi concedete si estenderà alle persone intorno a voi. Quello che non criticate di voi stessi, tenderete a perdonarlo anche agli altri. E rispettando voi stessi, rispetterete anche il prossimo.

Ricordo una partecipante ai miei corsi che a questo punto una volta disse: "Di una cosa sono convinta: tutte le mie crisi e i miei problemi sono stati solo un messaggio importante che mi ha inviato la vita. E questo messaggio è sempre stato: impara ad amarti. Questa è la cosa più importante".

# Conclusione

Se potessi seguirvi nel vostro processo di autoaffermazione quotidiano vi raccomanderei di non pretendere troppo da voi stessi. Procedete a piccoli passi. Cominciate sempre con quello che vi risulta più facile e anche vi diverte, non prestando ascolto alle vocine critiche dentro di voi: non lasciatevi mai guidare da quei cattivi soggetti!

Anche per l'autoaffermazione vale il principio di base di limitare le richieste a un livello che sapete di riuscire a soddisfare senza sforzi eccessivi.

Infine, un'ultima raccomandazione: non fissatevi sul successo a tutti i costi. Limitandovi a controllare se siete riusciti ad affermarvi, o meno, perderete di vista qualcosa di molto importante: il fatto che vi state esercitando. Ovvio, riuscire nell'intento è senza dubbio bellissimo. Anche se questo non accadrà, però, avrete imparato lo stesso qualcosa: vi sarete fatti coraggio e avrete affrontato il problema. Lo avrete fatto nel modo migliore in cui potevate in quel momento. Ci avrete provato. Tutto questo merita di essere apprezzato, quindi compratevi un bel mazzo di fiori e fatevi un applauso!

Vi auguro di tutto cuore tutto il meglio. Vogliatevi bene.

# Bibliografia


Andreas, Steve, *Trasformare se stessi con la programmazione neurolinguistica*, Astrolabio, Roma 2004.

Berckhan, Barbara, *Piccolo manuale di autodifesa verbale*, Urra, Milano 2012.

—, *Die etwas gelassene Art, sich durchzusetzen. Ein Selbstbehauptungstraining für Frauen*, 19° ed., Heyne, München 2002.

—, *Die etwas intelligentere Art, sich gegen dumme Sprüche zu wehren. Selbstverteidigung mit Worten*, 15° ed., Heyne, München 2002.

—, *So bin ich unverwundbar. Sechs Strategien, souverän mit Ärger und Kritik umzugehen*, 7° ed., Heyne, München 2002.

—, *Schluss mit der Anstrengung! Ein Reiseführer in die Mühelosigkeit*, Heyne, 2° ed., München 2002.

—, *Lieber das Blatt wenden als dauernd im Frust enden. Die Strategie für den persönlichen Aufschwung*, 2° ed., Heyne, München 2004.

Field, Linda, *Der Wert zu gutem Selbstwertgefühl. Eine Anleitung zu persönlichem Wachstum*, Jungfermann, Paderborn 1998.

Filliozat, Isabelle, *Fidati di te*, Piemme, Casale Monferrato 2008.

Ford, Debbie, *Illumina il tuo lato oscuro*, Macro Edizioni, Cesena 2012.

Forward, Susan, Frazier, Donna, *Il senso di colpa*, Tea, Milano 2006.

Hall, L. Michael, *La PNL e la magia del linguaggio*, Alessio Roberti Editore, Trento 2011.

Hinsch, Rüdiger, Wittmann, Simone, *Soziale Kompetenz kann man lernen*, Weinheim, Basel-Berlin 2003.

Huber, Cheri, *In te non c'è nulla di sbagliato*, Mondadori, Milano 2007.

Isaac, William, *Dialogue and the art of thinking together. A pioneering approach to communicating in business and in life*, Currency, New York 1999.

Jäger, Renate, *Der Mut zum Nein. Vom Umgang mit Grenzen*, Walter, Düsseldorf 2001.

Jeffers, Susan, *Conosci le tue paure e vincile*, Mondadori, Milano 2010.

Lerner, Harriet, *Lezioni di voce*, Corbaccio, Milano 2002.

Louden, Jennifer, *L'arte di prendersi cura di sé*, Tea, Milano 2001.

Schulz von Tun, Friedemann, *Miteinander reden 3. Das "innere Team" und situationsgerechte Kommunikation*, 14° ed., Rowohlt Taschenbuch Verlag, Reinbek bei Hamburg 2005.

—, *Klarkommen mit sich selbst und anderen: Kommunikation und soziale Kompetenz. Reden, Aufsätze, Dialoge*, 2° ed., Rowohlt Taschenbuch Verlag, Reinbek bei Hamburg 2004.

Segal, Jeanne, *Aumenta il tuo quoziente emotivo. La prima guida pratica per sfruttare al meglio istinti ed emozioni*, Sperling & Kupfer, Milano 2000.

Stone, Douglas, Patton, Bruce, Heen, Sheila, *Conversazioni difficili: come affrontare con successo qualsiasi argomento*, Dalai Editore, Milano 2000.

Tannen, Deborah, *Ma perché non mi capisci? Alla ricerca di un linguaggio comune tra donne e uomini*, Frassinelli, Milano 1998.